PRIÈRES

ET

CÉRÉMONIES DU SACRE.

ON TROUVE·

Chez le même libraire, un assortiment
général de Livres d'église, richement reliés.

IMPRIMERIE DE J. DIDOT AINE,
IMPRIMEUR DU ROI,
Rue du Pont-de-Lodi, n° 6.

PRIÈRES

ET

CÉRÉMONIES DU SACRE

DE S. M. CHARLES X,

PUBLIÉES

PAR ORDRE DE M. L'ARCHEVÊQUE
DE REIMS.

PARIS,

LEFUEL, LIBRAIRE-ÉDITEUR,
RUE SAINT-JACQUES, N° 54,
AU BON PASTEUR.

Nous, Jean-Baptiste-Marie-Anne-Antoine DE LATIL, par la miséricorde divine et la grace du Saint-Siége Apostolique Archevêque de Reims, Légat né du Saint - Siége , Primat de la Gaule Belgique, Pair de France, etc., etc., etc.

Avons approuvé et permis l'impression par le Sieur LEFUEL, Libraire éditeur à Paris d'un livre ayant pour titre : *Prières et Cérémonies du Sacre de Sa Majesté* CHARLES X, qui doit avoir lieu dans notre Église Métropolitaine.

Nous autorisons le Sieur LEFUEL à publier ledit livre.

Reims, le 25 mars, l'an 1825.

† J.-B., Archevêque de Reims.

Par Mandement,

GROS.

TABLE.

FIN DE LA TABLE.

VEILLE DU SACRE.

Le Roi fera son entrée solennelle dans la ville de Reims, la veille de son Sacre.

Sa Majesté se rendra directement à l'église métropolitaine. Elle y sera reçue, avec les cérémomies d'usage, par M. l'archevêque de Reims et MM. les évêques ses suffragants.

Après le compliment fait par M. l'archevêque, le grand chantre entonnera le répons:

℟. Ecce ego mitto angelum meum, qui præcedat te, et custodiat semper. Observa et exaudi vocem meam, et inimicus ero inimicis tuis, et affligentes te affligam, et, præcedet te angelus meus.
℣. Israel, si me audieris, non erit in te Deus recens, neque adorabis Deum alienum; ego enim Dominus. * Observa.

℟. Voilà que je vais envoyer mon ange devant vous pour vous garder. Si vous écoutez mes paroles, et si vous les observez, je serai l'ennemi de vos ennemis, et j'affligerai ceux qui vous affligeront, et mon ange marchera devant vous.
℣. Israel, si vous écoutez ma voix, vous n'aurez point de Dieu nouveau, et vous n'adorerez point de Dieu étranger, car je suis votre Seigneur. * Si vous écoutez mes paroles.

Le clergé se placera dans les stalles du chœur.

Le Roi étant arrivé dans le sanctuaire M. l'archevêque dira :

PRIONS.

O Dieu, qui savez que le genre humain ne peut subsister par sa propre vertu, accordez votre secours à Charles, votre serviteur, que vous avez mis à la tête de votre peuple, afin qu'il puisse lui-même secourir et protéger ceux qui lui sont soumis. Par notre Seigneur.

OREMUS.

Deus, qui scis genus humanum nullâ virtute posse subsistere ; concede propitius, ut famulus tuus Carolus quem populo tuo voluisti præferri, itâ tuo fulciatur adjutorio, quantò quibus potuit præesse valeat et prodesse. Per.

ANTIENNE A LA VIERGE.

Ant. Bienheureuse mère de Dieu, Marie toujours vierge, temple du Seigneur, sacré tabernacle du Saint-Esprit, vous avez été seule, par un privilège spécial, capable de plaire à notre Seigneur Jésus-Christ, priez pour le peuple,

Ant. Beata, genitrix, Maria virgo perpetua, templum Domini, sacrarium Spiritus Sancti, sola sine exemplo placuisti Domino Jesu-Christo, ora pro populo, interveni pro clero, intercede pro devoto fœmineo sexu.

℣. Domine salvum fac Regem.

℞. Et exaudi nos in die quâ invocaverimus te.

℣. Dominus vobiscum.

℞. Et cum spiritu tuo.

OREMUS.

Concede nos famulos tuos, quæsumus, Domine Deus, perpetuâ mentis et corporis sanitate gaudere; et, gloriosâ beatæ Mariæ semper virginis intercessione, à præsenti liberari tristitiâ et æternâ perfrui lætitiâ. Per Christum.

OREMUS.

Quæsumus, omnipotens Deus, ut

intercédez pour le clergé, et pour le dévot sexe féminin.

℣. Seigneur, conservez le Roi.

℞. Et exaucez-nous au jour auquel nous vous invoquerons.

℣. Le Seigneur soit avec vous.

℞. Et avec votre esprit.

PRIONS.

Daignez, Seigneur, accorder à vos serviteurs la santé de l'ame et du corps, et faites, par l'intercession de la bienheureuse Marie toujours vierge, que nous soyons délivrés des maux de la vie présente, et que nous jouissions, dans le ciel, de la félicité éternelle. Nous vous en supplions par N. S. J. C.

PRIONS.

Accordez à nos prières, Dieu tout-puissant,

que votre serviteur Charles, notre Roi, qui par votre miséricorde a reçu, la conduite de ce royaume, reçoive aussi l'accroissement de toutes les vertus ; afin que revêtu de leur force, et saintement orné de leur éclat, il ait les vices en horreur comme autant de monstres ; qu'il soit victorieux de ses ennemis, et qu'agréable à vos yeux par ses bonnes œuvres, il puisse enfin arriver jusqu'à vous, qui êtes la voie, la vérité, et la vie. Par notre Seigneur.

famulus tuus Rex noster Carolus, qui tuâ miseratione suscepit regni gubernacula, virtutum etiam omnium percipiat incrementa, quibus decenter ornatus, et vitiorum monstra devitare, hostes superare, et ad te qui via, veritas, et vita es, gratiosus valeat pervenire. Per Dominum nostrum.

A VÊPRES.

PSAUME 109.

Le Seigneur a dit à mon Seigneur : Asseyez-vous à ma droite,

Jusqu'à ce que je réduise vos ennemis à vous servir de marchepied.

Dixit Dominus Domino meo : Sede à dextris meis,

Donec ponam inimicos tuos, scabellum pedum tuorum.

Virgam virtutis tuæ emittet Dominus ex Sion ; * dominare in medio inimicorum tuorum.

Tecum principium in die virtutis tuæ in splendoribus sanctorum : * ex utero ante luciferum genui te.

Juravit Dominus et non pœnitebit eum : * Tu es Sacerdos in æternum, secundùm ordinem Melchisedech.

Dominus à dextris tuis, * confregit in die iræ suæ reges.

Judicabit in nationibus, implebit ruinas ; * conquassabit capita, in terra, multorum.

De torrente in viâ bibet ; * propterea exaltabit caput.

Gloria.

Ant. Viri Galilæi, quid aspicitis in

Le Seigneur fera sortir de Sion le sceptre de votre règne ; dominez au milieu de vos ennemis,

Vous serez reconnu pour roi au jour de votre force, lorsque vous paroîtrez dans l'éclat et dans la splendeur de votre sainteté : je vous ai engendré de mon sein, avant l'étoile du matin.

Le Seigneur a juré, son serment demeurera immuable : Vous êtes le Prêtre éternel, selon l'ordre de Melchisédech.

Le Seigneur est à votre droite ; il frappera les rois au jour de sa colère.

Il jugera les nations ; et les détruira ; il brisera, sur la terre, la tête de plusieurs.

Il boira dans le chemin de l'eau du torrent ; et c'est par-là qu'il élèvera sa tête. Gloire.

Ant. Hommes de Galilée, pourquoi fixez-vous

,vos regards vers le ciel? Ce Jésus qui, en se séparant de vous, s'est élevé dans le ciel, viendra de la même manière. All.

cœlum? Hic Jesus, qui assumptus est a vobis in cœlum, sic veniet. Alleluia.

PSAUME 110.

Seigneur, je vous louerai* de tout mon cœur, dans les assemblées particulières et publiques des justes.

Les ouvrages du Seigneur sont grands, et toujours proportionnés à ses desseins.

Tous ses ouvrages publient ses louanges et sa magnificence, et sa justice est éternelle.

Le Seigneur, plein de bonté et de miséricorde, a éternisé la mémoire de ses merveilles; il a donné la nourriture à ceux qui le craignent.

Il se souviendra dans tous les siècles de son alliance: il montrera à son peuple sa toute-

Confitebor tibi, Domine, in toto corde meo, * in concilio justorum et congregatione.

Magna opera Domini, * exquisita in omnes voluntates ejus.

Confessio et magnificentia opus ejus,* et justitia ejus manet in sæculum sæculi.

Memoriam fecit mirabilium suorum, misericors et miserator Dominus; * escam dedit timentibus se.

Memor erit in sæculum testamenti sui; * virtutem operum suorum annuntiabit populo suó;

Ut det illis hære-ditatem gentium : * opera manuum ejus veritas et judicium.

Fidelia omnia mandata ejus, con-firmata in sæculum sæculi, * facta in veritate et æquitate.

Redemptionem misit populo suo ; * mandavit in æter-num testamentum suum.

Sanctum et terri-bile nomen ejus : * initium sapientiæ timor Domini.

Intellectus bonus omnibus facienti-bus eum; * laudatio ejus manet in sæcu-lum sæculi. Gloria.

Ant. Cùmque in-tuerentur in cœlum

puissance dans ses œu-vres ;

En leur donnant l'hé-ritage des nations : sa vérité et sa justice écla-tent dans les ouvrages de ses mains.

Toutes ses ordonnan-ces sont inviolables ; elles sont immuables dans tous les siècles : elles sont fondées sur la vérité et l'équité.

Il a envoyé à son peu-ple un Sauveur, pour le racheter : il a rendu son alliance éternelle.

Son nom est saint et redoutable : la crainte du Seigneur est le com-mencement de la sa-gesse.

Tous ceux qui font ce que cette crainte pres-crit, ont la vraie intelli-gence : la louange du Seigneur subsisteradans toute l'éternité. Gloire.

Ant. Comme ils étoient attentifs à le regarder montant au ciel, ils glo-

rifièrent Dieu. Alle- | euntem illum, dixe-
luia. | runt. Alleluia.

PSAUME III.

HEUREUX celui qui craint le Seigneur; il prendra un souverain plaisir à observer ses commandements.

* Sa postérité sera puissante sur la terre: la race des justes sera comblée de bénédictions.

La gloire et les richesses seront dans sa maison, et sa justice demeurera éternellement.

La lumière se lève au milieu des ténébres sur ceux qui ont le cœur droit, le Seigneur est clément, miséricordieux, et juste.

Heureux celui qui donne et qui prète; il réglera ses discours selon la justice: il ne sera jamais ébranlé.

La mémoire du juste

BEATUS vir qui timet Dominum: * in mandátis ejus volet nimis.

Potens in terra erit semen ejus: * generatio rectorum benedicetur.

Gloria et divitiæ in domo ejus; * et justitia ejus manet in sæculum sæculi.

Exortum est in tenebris lumen rectis; * misericors et miserator, et justus.

Jucundus homo qui miseretur et commodat, disponet sermones suos in judicio, * quia in æternum non commovebitur.

In memoria æterna erit justus; * ab auditione malâ non timebit.

Paratum cor ejus sperare in Domino, confirmatum est cor ejus : * non commovebitur, donec despiciat inimicos suos.

Dispersit, dedit pauperibus; * justitia ejus manet in sæculum sæculi : cornu ejus exaltabitur in gloriâ.

Peccator videbit et irascetur, dentibus suis fremet et tabescet : * desiderium peccatorum peribit.

Ant. Elevatis manibus benedixit eis, et ferebatur in cœlum. Alleluia.

sera éternelle : quelque mal qu'on lui annonce, il ne craindra pas.

Son cœur est toujours disposé à espérer au Seigneur : il est inébranlable; il attend avec confiance que Dieu le venge de ses ennemis.

Il répand libéralement ses dons sur les pauvres; sa justice demeure éternellement, et il sera élevé en gloire.

Le méchant le verra, et il frémira de colère; il grincera les dents, et séchera de dépit; mais le désir des pécheurs périra. Gloire.

Ant. Jésus, levant les mains, les bénit, et il fut enlevé au ciel. Alleluia.

PSAUME 116.

LAUDATE Dominum, omnes gentes; laudate eum, omnes populi.

Quoniam confir-

NATIONS, louez toutes le Seigneur : peuples, louez-le tous.

Parcequ'il a signalé

envers nous la grandeur de sa miséricorde, et que la vérité du Seigneur est éternelle.

Ant. Glorifiez le Roi des rois, et chantez à la gloire de Dieu un cantique. Alleluia.

mata est super nos misericordia ejus; et veritas Domini manet in æternum.

Ant. Exaltate Regem regum, et hymnum dicite Deo. Alleluia.

PSAUME 113.

Lorsqu'Israel sortit de l'Égypte, et la maison de Jacob du milieu d'un peuple étranger,

Judas fut consacré au service du Seigneur; et Israël devint son domaine.

La mer le vit, et elle s'enfuit : le Jourdain remonta vers sa source.

Les montagnes sautèrent comme des béliers, et les collines comme des agneaux.

O mer, pourquoi fuyois-tu? et toi, Jourdain, pourquoi remontois-tu vers ta source?

In exitu Israël de Ægypto, domus Jacob de populo barbaro,

Facta est Judæa sanctificatio ejus, Israël potestas ejus.

Mare vidit et fugit; Jordanis conversus est retrorsùm.

Montes exultavèrunt ut arietes, et colles sicut agni ovium.

Quid est tibi, mare, quòd fugisti? et tu, Jordanis, quia conversus es retrorsùm?

Montes, exultastis sicut arietes, * et colles, sicut agni ovium?

A facie Domini mota est terra, * à facie Dei Jacob,

Qui convertit petram in stagna aquarum ; * et rupem in fontes aquarum.

Non nobis, Domine, non nobis; * sed nomini tuo da gloriam, super misericordia tua et veritate tua.

Nequando dicant gentes : * Ubi est Deus eorum?

Deus autem noster in cœlo, * omnia quæcumque voluit fecit.

Simulacra gentium argentum et aurum, * opera manuum hominum.

Os habent et non loquentur : * ocu-

Montagnes, pourquoi sautiez-vous comme des béliers? et vous, collines, comme des agneaux ?

La terre a tremblé à la vue du Seigneur, à la vue du Dieu de Jacob,

Qui changea la pierre en des torrents d'eau, et le rocher en fontaines abondantes.

Ne nous donnez point de gloire, Seigneur, ne nous en donnez point : donnez-la seulement à votre nom; à cause de votre miséricorde et de votre fidélité dans vos promesses.

Que les nations ne disent donc plus : Où est leur Dieu?

Car notre Dieu est dans le ciel : il a fait tout ce qu'il a voulu.

Les idoles des nations ne sont que de l'or et de l'argent, ouvrages de la main des hommes.

Elles ont une bouche, et ne parlent point; elles

ont des yeux, et ne voient point.

Elles ont des oreilles, et n'entendent point ; elles ont des narines, et ne sentent rien.

Elles ont des mains, et ne touchent point : elles ont des pieds, et ne marchent point : leur gosier ne peut proférer le moindre son.

Que ceux qui les font leur deviennent semblables, et tous ceux qui mettent en eux leur confiance.

La maison d'Israël a espéré au Seigneur : il est son secours et son protecteur.

La maison d'Aaron a espéré au Seigneur : il est son secours et son protecteur

Ceux qui craignent le Seigneur, mettent en lui leur confiance : il est leur secours et leur protecteur.

Le Seigneur s'est sou-

los habent et non videbunt.

Aures habent et non audient : nares habent et non odorabunt.

Manus habent, et non palpabunt ; pedes habent, et non ambulabunt non clamabunt in gutture suo.

Similes illis fiant qui faciunt ea, et omnes qui confidunt in eis.

Domus Israël speravit in Domino ; adjutor eorum et protector eorum est.

Domus Aaron speravit in Domino ; adjutor eorum et protector corum est.

Qui timent Dominum speraverunt in Domino : adjutor eorum et protector eorum est.

Dominus memor

fuit nostrî : * et benedixit nobis.

venu de nous; et il nous a bénis.

Benedixit domui Israel; * benedixit domui Aaron.

Il a béni la maison d'Israël; il a béni la maison d'Aaron.

Benedixit omnibus qui timent Dominum , * pusillis cum majoribus.

Il a béni tous ceux qui le craignent, grands et petits.

Adjiciat Dominus super vos, * super vos et super filios vestros.

Que le Seigneur vous comble de nouvelles graces, vous et vos enfants

Benedicti vos à Domino, * qui fecit cœlum et terram.

Soyez bénis du Seigneur, qui a fait le ciel et la terre.

Cœlum cœli Domino; * terram autem dedit filiis hominum.

Les cieux sont pour le Seigneur, et il a donné la terre aux enfants des hommes.

Non mortui laudabunt te, Domine, * neque omnes qui descendunt in infernum.

Les morts, Seigneur, ne vous loueront point, ni ceux qui descendent dans l'enfer.

Sed nos qui vivimus , benedicimus Domino, * ex hoc nunc et usque in sæculum.

Mais nous, qui sommes vivants, nous bénissons le Seigneur, depuis ce temps jusqu'à jamais.

Ant. Videntibus illis elevatus est, et

Ant. Ils le virent s'élever, et il monta au

ciel dans une nuée. Alleluia.

nubes suscepit eum in cœlo. Alleluia.

CAPITULE. Act. 1.

J'ai parlé dans mon premier livre, ô Théophile, de tout ce que Jésus a fait et enseigné depuis le commencement jusqu'au jour où il fut élevé, après avoir instruit par le Saint-Esprit les Apôtres qu'il avoit choisis.

Primum quidem sermonem feci de omnibus, O Theophile, quæ cœpit Jesus facere et docere usque in diem, qua, præcipiens Apostolis per Spiritum Sanctum, quos elegit, assumptus est.

HYMNE.

O Jésus, qui êtes notre rédemption, notre amour, et l'objet de nos desirs; Dieu, créateur de l'univers, qui vous êtes fait homme sur la fin des temps.

Jesu nostra redemptio,
Amor et desiderium,
Deus creator omnium
Homo in fine temporum.

C'est par une miséricorde infinie que vous vous êtes chargé de nos péchés, et que vous vous êtes livré à une mort cruelle pour nous délivrer de la mort.

Quæ te vicit clementia
Ut ferres nostra crimina,
Crudelem mortem patiens,
Ut nos a morte tolleres!

Inferni claustra penetrans,
Tuos captivos redimens,
Victor triumpho nobili
Ad dextram Patris resides.

Ipsa te cogat pietas
Ut mala nostra superes
Parcendo, et voti compotes
Nos tuo vultu saties.

Tu esto nostrum gaudium,
Qui es futurus præmium :
Sit nostra in te gloria
Per cuncta semper sæcula. Amen.

℣. Ascendit Deus in jubilatione. Alleluia.

℞. Et Dominus in voce tubæ. Alleluia.

Vous êtes descendu dans les enfers pour en retirer vos captifs, et, vous élevant pour prendre place à la droite de votre Père, vous les avez associés à votre triomphe glorieux.

Que la même charité vous porte à vaincre nos maux par votre miséricorde, et faites que nous soyons rassasiés par la vue de votre gloire.

Soyez maintenant notre joie, comme vous devez être un jour notre récompense : soyez notre gloire dans tous les siècles des siècles. Ainsi soit-il.

℣. Le Seigneur est monté parmi les acclamations de joie. Allel.

℞. Le Seigneur est monté au bruit des trompettes. Alleluia.

CANTIQUE DE LA SAINTE VIERGE.

Mon ame glorifie le Seigneur ;

Et mon esprit est ravi de joie en Dieu mon Sauveur.

Parcequ'il a regardé la bassesse de sa servante : et désormais je serai appelée bienheureuse dans la suite de tous les siècles.

Car il a fait en moi de grandes choses, lui qui est le Tout-puissant, et dont le nom est saint.

Sa miséricorde se répand d'âge en âge sur ceux qui le craignent.

Il a déployé la force de son bras : il a renversé les superbes en dissipant leurs desseins.

Il a fait descendre les grands de leur trône, et il a élevé les petits.

Il a rempli de biens ceux qui étoient affamés, et il a renvoyé

Magnificat anima mea Dominum :

Et exultavit spiritus meus in Deo salutari meo.

Quia respexit humilitatem ancillæ suæ. ecce enim ex hoc beatam me dicent omnes generationes.

Quia fecit mihi magna qui potens est : et sanctum nomen ejus.

Et misericordia ejus a progenie in progenies : timentibus eum.

Fecit potentiam in brachio suo : dispersit superbos mente cordis sui.

Deposuit potentes de sede : et exaltavit humiles.

Esurientes implevit bonis : et divites dimisit inanes.

Suscepit Israel puerum suum : recordatus misericordiæ suæ.

Sicut locutus est ad patres nostros ; Abraham, et semini ejus in sæcula.

Ant. Pater, manifestavi nomen tuum hominibus quos dedisti mihi : nunc autem pro eis rogo, non pro mundo, quia ad te venio. Alleluia.

OREMUS.

Concede, quæsumus, omnipotens Deus, ut qui hodiernâ die unigenitum tuum redemptorem nostrum ad cœlos ascendisse credimus, ipsi quoque mente in cœlestibus habitemus. Per eumdem Dominum.

vides et pauvres ceux qui étoient riches.

Il a pris en sa protection Israël son serviteur, se souvenant de la bonté,

Qu'il a eue pour Abraham et pour sa race à jamais, selon les promesses qu'il a faites à nos pères.

Ant. Mon père, j'ai fait connoître votre nom aux hommes que vous m'avez donnés : c'est pour eux que je prie maintenant, et non pour le monde, parceque je retourne vers vous. All.

PRIONS.

Accordez-nous, ô Dieu tout - puissant, que croyant, par la foi, que votre fils unique Notre-Seigneur est aujourd'hui monté dans les cieux, nous y habitions aussi nous-mêmes en esprit par l'ardeur de nos desirs. Par le même Jésus-Christ.

2.

HYMNE D'ACTIONS DE GRACES.

Nous vous louons, Dieu tout-puissant, et nous vous reconnoissons pour le Seigneur de tout l'univers.

Père éternel, toute la terre vous adore.

Tous les anges, les cieux, les puissances,

Les Chérubins et les Séraphins répètent perpétuellement cette hymne en votre honneur :

Saint, Saint, Saint

Est le Seigneur Dieu des armées.

Les cieux et la terre sont remplis de la grandeur de votre gloire.

Le chœur glorieux des Apôtres,

La vénérable multitude des Prophètes,

La brillante armée des Martyrs célèbrent vos louanges.

L'Église sainte vous

Te Deum laudamus, te Dominum confitemur.

Te æternum Patrem omnis terra veneratur.

Tibi omnes Angeli, tibi cœli et universæ potestates,

Tibi Cherubim et Seraphim incessabili voce proclamant :

Sanctus, Sanctus, Sanctus,

Dominus Deus Sabaoth.

Pleni sunt cœli et terra majestatis gloriæ tuæ.

Te gloriosus Apostolorum chorus,

Te Prophetarum laudabilis numerus,

Te Martyrum candidatus laudat exercitus.

Te per orbem terrarum sancta confitetur Ecclesia.

Patrem immensæ majestatis,

Venerandum tuum verum et unicum Filium,

Sanctum quoque Paracletum : Spiritum.

Tu rex gloriæ, Christe.

Tu Patris sempiternus es Filius.

Tu, ad liberandum suscepturus hominem, non horruisti Virginis uterum.

Tu, devicto mortis aculeo, aperuisti credentibus regna cœlorum.

Tu ad dexteram Dei sedes, in gloriâ Patris.

Judex crederis esse venturus.

Te ergo quæsu-

reconnoît pour son Dieu par toute la terre.

2 O vous, Père éternel, dont la majesté est infinie,

Elle adore votre Fils unique et véritable,

Et le Saint-Esprit consolateur.

Vous êtes, ô Christ, le roi de gloire.

Vous êtes le Fils éternel du Père.

Vous n'avez pas dédaigné, pour délivrer les hommes, de prendre la nature humaine, dans le sein d'une Vierge.

Vous avez rompu l'aiguillon de la mort, et vous avez ouvert aux fidèles le royaume des cieux.

Vous êtes assis à la droite de Dieu, dans la gloire du Père.

Nous croyons que vous viendrez juger le monde.

Nous vous supplions

donc de secourir vos serviteurs, que vous avez rachetés par votre précieux sang.

Faites, s'il vous plaît, que nous soyons placés dans la gloire au nombre de vos Saints.

Sauvez votre peuple, Seigneur, et comblez de bénédictions votre héritage.

Conduisez-le, et élevez-le jusque dans l'éternité.

Nous vous bénissons tous les jours.

Nous louons sans cesse votre nom, et nous le louerons à jamais.

Daignez, Seigneur, nous préserver en ce jour de tout péché.

Ayez pitié de nous, Seigneur, ayez pitié de nous.

Faites-nous sentir les effets de votre miséricorde, selon la confiance que nous avons mise en vous.

mus, famulis tuis subveni, quos pretioso sanguine redemisti.

Æterná fac cum Sanctis tuis in gloriá numerari.

Salvum fac populum tuum, Domine, et benedic hæreditati tuæ.

Et rege eos, et extolle illos usque in æternum.

Per singulos dies benedicimus te.

Et laudamus nomen tuum in sæculum, et in sæculum sæculi.

Dignare, Domine, die isto, sine peccato nos custodire.

Miserere nostrî, Domine, miserere nostrî.

Fiat misericordia tua, Domine, super nos, quemadmodùm speravimus in te.

In te, Domine, speravi; non confundar in æternum.

℣. Benedicamus Patrem et Filium cum Sancto Spiritu.

℟. Laudemus et superexaltemus eum in secula.

OREMUS.

Deus, cujus misericordiæ non est numerus, et bonitatis infinitus est thesaurus, piissimæ majestati tuæ pro collatis donis gratias agimus, tuam semper clementiam exorantes, ut qui petentibus postulata concedis, eosdem non deserens, ad præmia futura perducas. Per Dominum nostrum Jesum Christum.

℟. Amen.

Seigneur, j'ai mis mon espérance en vous; je ne tomberai jamais dans la confusion.

℣. Bénissons le Père et le Fils, avec le Saint-Esprit.

℟. Louons Dieu et honorons-le dans tous les siècles.

PRIONS

O Dieu, dont la miséricorde est sans bornes, et la bonté infinie, nous rendons graces à votre infinie majesté, qui nous comble de ses biens, des dons que nous en avons reçus, et nous conjurons votre clémence de ne point abandonner ceux à qui vous avez accordé l'effet de leurs demandes, mais de les disposer à recevoir les récompenses éternelles.

℟. Ainsi soit-il.

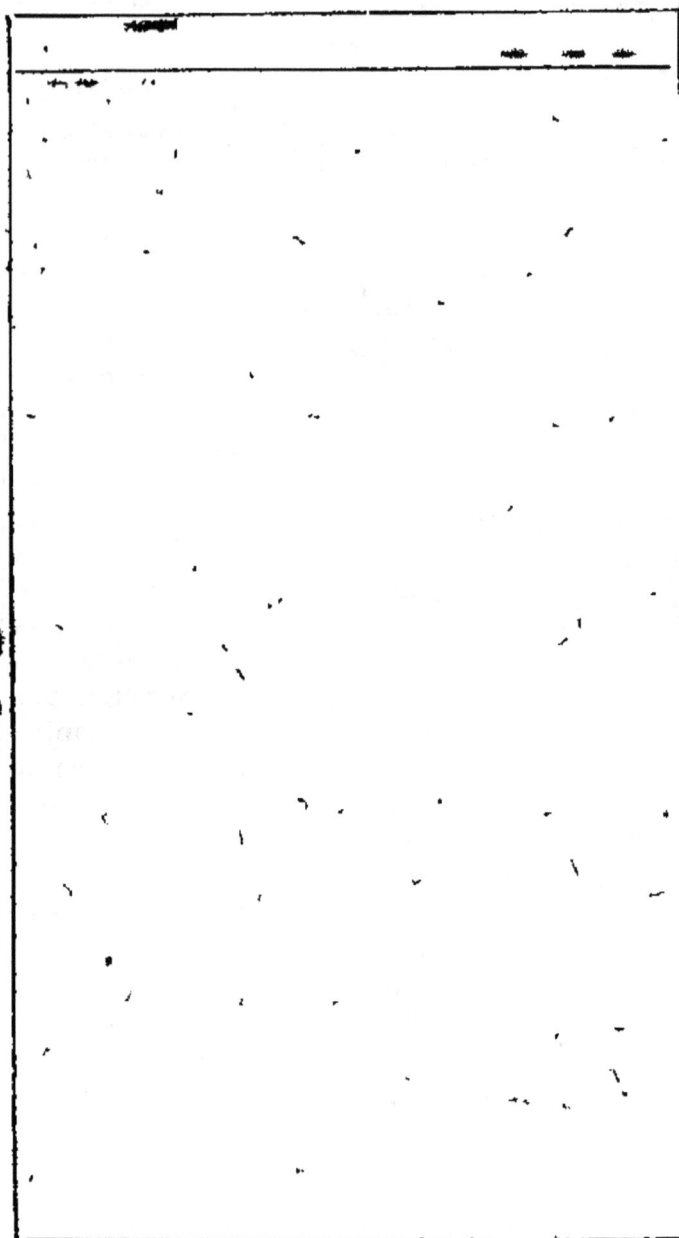

JOUR DU SACRE.

A SEXTE.

HYMNE.

Rector potens, verax Deus, Qui temperas rerum vices, Splendore mane instruis Et ignibus meridiem,

Extingue flammas litium, Aufer calorem noxium, Confer salutem corporum, Veramque pacem cordium.

Qui victor ad cœlum redis, Jesu, tibi sit gloria, Cum patre, cumque spiritu, In sempiterna sæcula. Amen.

Dieu de vérité qui gouvernez tout par votre puissance; qui par une distribution pleine de sagesse, donnez au matin l'éclat de la lumière, et réservez la chaleur pour le midi,

Éteignez en nous l'ardeur des contestations, réprimez le feu dangereux de nos passions, donnez la santé à nos corps, à nos ames la paix et la tranquillité de la bonne conscience.

Gloire vous soit rendue, ô Jésus, qui retournez victorieux dans le ciel; qu'elle soit aussi rendue au Père et au Saint - Esprit dans tous les siècles des siècles. Ainsi soit-il.

DU PSAUME 118.

DEFECIT in salutare tuum anima mea, * et in verbum tuum superspe- ravi.

Mon ame languit dans l'attente de votre secours salutaire, et j'espère en vos promesses.

Defecerunt oculi mei in eloquium tuum, * dicentes : Quando consolabe- ris me?

Mes yeux sont languissants à force d'attendre le secours que vous m'avez promis ; ils vous disent : Quand me consolerez-vous?

Quia factus sum sicut uter in prui- nâ; * justificationes tuas non sum obli- tus.

Je suis devenu aussi sec qu'une peau exposée à la gelée ; mais je n'ai point oublié vos ordon- nances.

Quot sunt dies servi tui? * quando facies de perse- quentibus me judi- cium?

Combien de jours reste-t-il encore à votre serviteur? quand exer- cerez-vous votre justice sur ceux qui me persé- cutent?

Narraverunt mi- hi iniqui fabulatio- nes; * sed non ut lex tua.

Les méchants m'ont conté des fables; et ce qu'ils disent est bien contraire à votre loi.

Omnia mandata tua, veritas : * ini-

Toutes vos ordonnan- ces sont la vérité même: les hommes me persé-

què persecuti sunt me, adjuvà me.

Paulò minus consummaverunt me in terrâ; * ego autem non dereliqui mandatà tua.

* Secundùm misericordiam tuam vivifica me, * et custodiam testimonia oris tui.

* In æternum, Domine, * verbum tuum permanet in cœlo.

In generationem et generationem veritas tua : * fundasti terram, et permanet.

Ordinatione tuâ perseverat dies; * quoniam omnia serviunt tibi.

Nisi quod lex tua meditatio mea est, * tunc fortè periissem in humilitate meâ.

In æternum non obliviscar justificationes tuas ; * quia

cutent injustement, secourez-moi.

Peu s'en est fallu qu'ils ne m'aient fait périr sur la terre ; mais je n'ai point abandonné vos préceptes.

Rendez-moi la vie par votre bonté ; et je garderai les ordonnances de votre bouche.

Votre parole, Seigneur, subsiste éternellement dans le ciel.

Votre vérité passe de siècle en siècle : vous avez affermi la terre, et elle demeure inébranlable.

Les jours se suivent dans l'ordre que vous leur avez marqué; car tout vous obéit.

Si votre loi n'avoit fait mes délices, il y a longtemps que j'aurois succombé à mon affliction.

Je n'oublierai jamais votre loi ; parceque c'est

par elle que vous m'avez rendu la vie.

Sauvez-moi, puisque je suis tout à vous, et que je ne cherche que votre loi.

Les pécheurs m'attendent pour me perdre; mais je me suis occupé de l'intelligence de vos ordonnances.

J'ai reconnu que les choses les plus parfaites avoient des bornes : mais l'étendue de votre loi est infinie.

in ipsis vivificasti me.

Tuus sum ego, salvum me fac; * quoniam justificationes tuas exquisivi.

Me expectaverunt peccatores, ut perderent me : * testimonia tua intellexi.

Omnis consummationis vidi finem : * latum mandatum tuum nimis.

DU PSAUME 118.

Que j'aime votre loi, Seigneur! elle est le sujet de mes méditations durant le jour.

Votre loi m'a rendu plus sage que mes ennemis; parceque je l'ai sans cesse devant les yeux.

Je suis devenu plus intelligent que tous mes maîtres; parceque je

Quomodò dilexi legem tuam, Domine! * totâ die meditatio mea est.

Super inimicos meos prudentem me fecisti mandato tuo, * quia in æternum mihi est.

Super omnes docentes me intellexi; * quia testimonia tua meditatio mea est.

Super senes intellexi; * quia mandata tua quæsivi.

Ab omni via mala prohibui pedes meos; * ut custodiam verba tua.

A judiciis tuis non declinavi; * quia tu legem posuisti mihi.

Quàm dulcia faucibus meis eloquia tua! * super mel ori meo.

A mandatis tuis intellexi : proptereà odivi omnem viam iniquitatis.

Lucerna pedibus meis verbum tuum, * et lumen semitis meis.

Juravi et statui * custodire judicia justitiæ tuæ.

Humiliatus sum

médite sur vos ordonnances.

Je suis devenu plus prudent que les vieillards; parceque j'étudie vos préceptes.

Je m'éloigne de toute voie qui conduit au mal, afin d'accomplir vos ordonnances.

Je ne m'écarte point de votre loi; parceque vous me l'avez donnée pour règle.

Que vos oracles sont pour moi pleins de douceur! ils le sont plus à mon ame, que le miel ne l'est à ma bouche.

Vos préceptes me rendent intelligent : c'est pourquoi je déteste tous les détours de l'iniquité.

Votre parole est la lampe qui éclaire mes pas, et la lumière qui luit dans les sentiers où je marche.

J'ai juré et résolu de garder les ordonnances de votre justice.

Mon affliction et ma

misère sont extrêmes : redonnez-moi la vie, Seigneur, selon votre promesse.

Agréez, Seigneur, les sacrifices que ma bouche et mon cœur vous offrent : enseignez-moi vos commandements.

Mon ame est toujours en danger de m'être ravie; mais je n'oublie pas votre loi.

Les méchants me tendent des piéges pour me perdre; mais je ne m'écarte pas de vos ordonnances.

J'ai pris vos préceptes pour être à jamais mon partage ; parcequ'ils sont la joie de mon cœur.

Tous les desirs de mon ame se portent à ne jamais m'écarter de vos ordonnances, à cause de la récompense.

usquequaque, Domine : * vivifica me secundum verbum tuum.

Voluntaria oris mei beneplacita fac, Domine, * et judicia tua doce me.

Anima mea. in manibus meis semper , * et legem tuam non sum oblitus.

Posuerunt peccatores laqueum mihi; * et de mandatis tuis non erravi.

Hæreditate acquisivi testimonia tua in æternum; * quia exultatio cordis mei sunt.

Inclinavi cor meum ad faciendas justificationes tuas in æternum, * propter retributionem.

DU PSAUME 118.

Iniquos odio habui, *et legem tuam dilexi.

Adjutor et susceptor meus es tu; * et in verbum tuum supersperavi.

Declinate à me, maligni; * et scrutabor mandata Dei mei.

Suscipe me secundùm eloquium tuum, et vivam; * et non confundas me ab expectatione mea.

Adjuva me, et salvus ero; * et meditabor in justificationibus tuis semper.

Sprevisti omnes discedentes à judiciis tuis; * quia injusta cogitatio eorum.

Prævaricantes reputavi omnes pec-

Je hais les injustes, et j'aime votre loi.

Vous êtes mon refuge et mon protecteur; et je mets mon espérance dans vos paroles.

Retirez-vous de moi, méchants, et j'approfondirai les préceptes de mon Dieu.

Fortifiez-moi, Seigneur, selon vos promesses, et conservez-moi la vie; afin que je ne sois pas confondu dans mon espérance.

Aidez-moi, et je serai sauvé; et je ne m'occuperai que de la méditation de vos ordonnances.

Vous rejettez avec mépris ceux qui s'égarent de vos commandements; parceque leurs pensées sont injustes.

J'ai regardé tous les pécheurs comme des

prévaricateurs : c'est ce qui fait que je m'attache de plus en plus à votre loi.

Percez ma chair de votre crainte ; et que je sois saisi de frayeur à la vue de vos jugements

J'ai gardé la justice et l'équité : ne m'abandonnez pas à mes calomniateurs.

Affermissez votre serviteur dans le bien ; et que les superbes ne m'oppriment point par leurs calomnies.

Mes yeux sont languissants à force d'attendre votre secours, et l'exécution des oracles de votre justice.

Traitez votre serviteur avec bonté, et enseignez-moi vos ordonnances.

Je suis votre serviteur : donnez-moi l'intelligence, afin que je connoisse vos préceptes.

catores terræ : ideò dilexi testimonia tua.

Confige timoré tuo carnes meas ; à judiciis enim tuis timui.

Feci judicium et justitiam : non tradas me calumniantibus me.

Suscipe servum tuum in bonum : non calomnientur me superbi.

Oculi mei defecerunt in salutare tuum, * et in eloquium justitiæ tuæ.

Fac cum servo tuo secundùm misericordiam tuam, * et justificationes tuas doce me.

Servus tuus sum ego : * da mihi intellectum, ut sciam testimonia tua.

- Tempus faciendi, Domine : * dissipaverunt legem tuam.
* Ideò dilexi mandata tua * super aurum et topazion.

Proptereà ad omnia mandata tua dirigebar ; * omnem viam iniquam odio habui.

Ant. Inclinavi cor meum ad faciendas justificationes tuas in æternum.

Seigneur, il est temps que vous agissiez : ils ont anéanti votre loi.

C'est ce qui me porte à aimer votre loi plus que l'or et les pierreries les plus précieuses.

C'est ce qui fait que je me règle en tout selon votre loi, et que je hais toutes les voies de l'iniquité.

Ant. Tous les desirs de mon cœur se portent à ne m'écarter jamais de l'accomplissement de vos ordonnances.

CAPITULE.

L'amour de Dieu consiste à garder ses commandements ; et ses commandements ne sont point un fardeau pesant.

℞. *br.* Testimonia tua intellexi, Domine : * Latum mandatum tuum nimis. Testimonia. ℣. Omnis consummationis * vidi fi-

℞. *br.* Je me suis occupé de l'intelligence de vos commandements, Seigneur, et j'ai reconnu que l'étendue de votre loi est infinie. Je me suis. ℣. J'ai compris que les choses les plus parfaites

avoient des bornes. Je
me suis. Gloire. Jo.

℣. J'aime votre loi
plus que l'or : ℟. C'est ce
qui fait que je me règle
en tout selon vos com-
mandements.

nem : * Latum. Glo-
ria. Testimonia.

℣. Dilexi mandata
tua super aurum : *
℟. Proptereà ad
omnia mandata tua
dirigebar.

PRIÈRES

ET

CÉRÉMONIES DU SACRE.

Les deux cardinaux nommés pour aller chercher le Roi ayant été introduits dans la chambre de sa Majesté, le plus ancien présentera de l'eau bénite au Roi et dira.

(sans mitre.)

OREMUS.

† Omnipotens sempiterne Deus, qui famulum tuum Carolum regis fastigio dignatus es sublimare, tribue, quæsumus, ei, ut ita hujus sæculi cursu multorum in commune salutem disponat, quatenus a veritatis tuæ tramite non recedat. Per Christum Dominum nostrum. Amen.

PRIONS.

† Dieu tout-puissant et éternel qui avez élevé à la royauté votre serviteur Charles, accordez-lui de procurer le bien de ses sujets dans le cours de son règne, et de ne jamais s'écarter des sentiers de la justice et de la vérité. Par notre Seigneur Jésus-Christ. Ainsi soit-il.

Le Roi se rendant à l'église, on chantera :

Voilà que je vais envoyer mon ange devant vous pour vous garder ; * si vous écoutez mes paroles, et si vous les observez, je serai l'ennemi de vos ennemis, et j'affligerai ceux qui vous affligeront, et mon ange marchera devant vous.

℣. Israël, si vous écoutez ma voix, vous n'aurez point de Dieu nouveau, et vous n'adorerez point de Dieu étranger ; car je suis votre Seigneur. * Si vous écoutez mes paroles, et si vous les observez, je serai l'ennemi de vos ennemis, et j'affligerai ceux qui vous affligeront, et mon ange marchera devant vous.

* Ecce ego mitto angelum meum, qui præcedat te, et custodiat te semper * observa et exaudi vocem meam, et inimicus ero inimicis tuis, et affligentes te affligam, et præcedet te angelus meus.

℣. Israel si me audieris non erit in te Deus recens, neque adorabis Deum alienum, ego enim Dominus. * Observa et exaudi vocem meam et inimicus ero inimicis tuis, et affligentes te affligam, et præcedet te angelus meus.

Sa Majesté étant entrée dans l'église, le second cardinal dira :

(sans mitre.)

PRIONS.
O Dieu, qui savez que

OREMUS.
Deus, qui scis ge-

nus humanum nulla virtute posse subsistere ; concede propitius, ut famulus tuus Carolus, quem populo tuo voluisti præferri, ita tuo fulciatur adjutorio, quanto quibus potuit præesse, valeat et prodesse. Per Christum Dominum nostrum. Amen.

le genre humain ne peut subsister par sa propre vertu ; accordez votre secours à Charles, votre serviteur, que vous avez mis à la tête de votre peuple ; afin qu'il puisse lui-même secourir et protéger ceux qui lui sont soumis. Par notre Seigneur Jésus-Christ. Ainsi soit-il.

Après cette oraison et pendant que le Roi se rend à l'autel, on chantera en faux-bourdon le psaume,

Domine, in virtute tua lætabitur Rex, et super salutare tuum exultabit vehementer.

Desiderium cordis ejus tribuisti ei, et voluntate labiorum ejus non fraudasti eum.

Quoniam prævenisti eum in benedictionibus dulcedinis ; posuisti in

Seigneur, le roi triomphera dans votre force, et sa joie sera grande dans le salut qu'il tiendra de vous.

Vous lui avez accordé le desir de son cœur, et vous n'avez point trompé le vœu qui étoit sur ses lèvres.

Vous l'avez prévenu de vos plus douces bénédictions ; vous avez mis sur sa tête une cou-

ronne de pierres pré-
cieuses.

Il vous a demandé la
vie, et vous lui avez
donné des jours éter-
nels.

Sa gloire est grande :
elle est dans le salut que
vous lui avez donné :
vous avez placé en lui la
beauté et la majesté.

Vous le bénirez dans
tous les siècles : vous le
remplirez de joie par la
vue de votre visage.

Parceque le roi espere
dans le Seigneur, et qu'il
sera inébranlable dans
la miséricorde du Très-
Haut

Grand Dieu, que votre
main s'étende sur tous
vos ennemis ; que votre
droite atteigne tous ceux
qui vous haissent.

Ils seront livrés au
feu, dans les jours de
vos vengeances : votre
colère les frappera, Sei-

capite ejus coronam
de lapide pretioso.

Vitam petiit à te,
et tribuisti ei longi-
tudinem dierum in
sæculum, et in sæ-
culum sæculi.

Magna est gloria
ejus in salutari tuo ;
gloriam et magnum
decorem impones
super eum.

Quoniam dabis
eum in benedictio-
nem in sæculum sæ-
culi ; lætificabis
eum in gaudio cum
vultu tuo.

Quoniam Rex
sperat in Domino,
et in misericordia
Altissimi non com-
movebitur.

Inveniatur manus
tua omnibus inimi-
cis tuis ; dextera tua
inveniat omnes qui
te oderunt.

Pones eos ut cli-
banum ignis in tem-
pore vultûs tui :
Dominus in ira sua

conturbabit eos, et devorabit eos ignis.

Fructum eorum de terra perdes,* et semen eorum à filiis hominum.

Quoniam declinaverunt in te mala ;* cogitaverunt consilia, quæ non potuerunt stabilire.

Quoniam pones eos dorsum :* in reliquiis tuis præparabis vultum eorum.

Exaltare, Domine, in virtute tua :* cantabimus et psallemus virtutes tuas.

Gloria Patri.

gneur, et le feu les consumera.

Vous détruirez les fruits de leur terre, et vous enleverez leur race d'entre les hommes.

Parcequ'ils ont médité le mal contre vous : ils ont formé des projets qu'ils n'ont pu mettre à exécution.

Ils fuiront devant vous, et ils retourneront la tête ; et leur visage sera encore en butte aux derniers traits de votre main.

Levez-vous, Seigneur, dans votre puissance ; et nos chants célébreront vos victoires.

Gloire au Père, etc.

Le Roi arrivé au pied de l'autel, l'archevêque de Reims dira :

(Sans mitre.)

OREMUS.

Omnipotens Deus cœlestium moderator, qui famulum

PRIONS.

Dieu tout-puissant, qui réglez tout ce qui est au-dessus de nous, et qui avez daigné élever au Trône votre serviteur Charles ; nous vous supplions de le préserver de toute adversité, de le fortifier du don de la paix ecclésiastique et de le faire arriver, par votre grace, aux joies d'une paix éternelle. Ainsi soit-il.

tuum Carolum ad regni fastigium dignatus es promovere ; concede, quæsumus, ut à cunctis adversitatibus servetur, et ecclesiasticæ pacis dono muniatur, et ad æternæ pacis gaudia, te donante, pervenire mereatur. Per Christum Dominum nostrum. Amen.

Après cette oraison, le Roi est conduit à son fauteuil. — L'archevêque présente l'eau bénite, les chanoines chantent sexte.—M l'archevêque ira prendre ses habits pontificaux. Les sextes finies, il reviendra à l'autel précédé du clergé en portant le reliquaire de la Saint-Ampoule *qu'il placera sur l'autel. Pendant que l'archevêque se rend à l'autel la musique chante le verset suivant :

℣. J'ai trouvé David mon serviteur. ℟. Je l'ai sacré de l'huile sainte.

℣. Invenit David servum meum. ℟. Oleo sancto meo unxi eum.

* Le 6 octobre 1793, la Sainte-Ampoule qui depuis quatorze siècles étoit en vénération dans l'église de Reims, et servoit au Sacre de nos Rois, fut brisée

L'archevêque entonne le

Veni, Creator Spiritus ;	Venez, divin créateur, Esprit Saint, visiter les ames de ceux qui sont à vous, et remplissez de votre grâce céleste les cœurs que vous avez créés.
Mentes tuorum visita,	
Imple supernâ gratiâ,	
Quæ tu creasti pectora.	
Qui Paracletus diceris,	C'est vous qui, dans les Écritures, êtes appelé le Consolateur, le Don de Dieu très-haut, la Source d'eau vive, le Feu sacré, la Charité même, et l'Onction spirituelle.
Donum Dei altissimi,	
Fons vivus, Ignis, Caritas,	
Et spiritalis Unctio.	
Tu septiformis munere,	C'est vous qui nous sanctifiez par les sept dons de votre grace;

par un commissaire de la convention sur le piédestal de la statue de Louis XV; mais les espérances sacriléges des impies qui vouloient anéantir ce monument de la piété furent trompées. Des mains fidéles parvinrent à recueillir des fragments de la Sainte-Ampoule, et une partie du beaume qu'elle renfermoit; ainsi qu'il est constaté par un procès-verbal authentique déposé au greffe du tribunal de Reims.

Ces précieux restes sont aujourd'hui renfermés dans un reliquaire de vermeil donné par sa Majesté Charles X.

vous êtes le doigt de la main de Dieu; le Père éternel vous avoit promis à l'Église; en descendant sur les Apôtres, vous avez rendu leurs langues éloquentes.

Éclairez nos esprits de vos lumières, embrasez nos cœurs de votre amour; fortifiez notre chair foible par une vertu que rien ne puisse jamais ébranler.

Repoussez loin de nous notre ennemi; faites-nous goûter votre paix, et soyez vous-même notre guide, afin que sous votre conduite nous évitions tout ce qui peut nous nuire.

Faites que nous connoissions par vous le Père et le Fils, et que nous ne cessions jamais de vous adorer comme l'esprit de l'un et de l'autre.

Dextræ Dei tu digitus,

Tu rite promissum Patris,

Sermone ditans guttura.

Accende lumen sensibus,

Infunde amorem cordibus,

Infirma nostri corporis

Virtute firmans perpeti.

Hostem repellas longius,

Pacemque dones protinus :

Ductore sic te prævio,

Vitemus omne noxium.

Per te sciamus da Patrem,

Noscamus atque Filium :

Te utriusque Spiritum

Credamus omni tempore.

Gloria patri Domino, Natoque qui a mortuis Surrexit, ac Paracleto, In sæculorum sæcula. Amen.

℣. Repleti sunt omnes Spiritū Sancto. Alleluia.

℟. Et cœperunt loqui. Alleluia.

Ant. Non vos relinquam orphanos, alleluia; Vado et venio ad vos, alleluia; et gaudebit cor vestrum, all.

ORENUS.

Deus, qui hodiernā die corda fidelium Sancti Spiritūs illustratione docuisti: da nobis in eodem Spiritu recta sapere, et de ejus semper consolatione gaudere. Per Dominum nostrum.

Gloire au Père; gloire au Fils qui est ressuscité d'entre les morts; gloire au Saint-Esprit dans les siècles des siècles. Ainsi soit-il.

℣. Ils furent tous remplis du Saint-Esprit. Alleluia.

℟. Et ils commencèrent à parler. Alleluia.

Ant. Je ne vous laisserai point orphelins, alleluia, je m'en vais et je reviens à vous, alleluia, et votre cœur sera dans la joie, all.

PRIONS.

O Dieu, qui avez instruit en ce jour les cœurs des fidèles par la lumière du Saint-Esprit, donnez-nous par ce même Esprit la connoissance et l'amour de la justice, et faites qu'il nous remplisse toujours de ses divines consolations. Par..

Le *Veni creator* fini, M. l'archevêque présentera au Roi le livre des Évangiles, et les formules des serments à prêter par sa Majesté. —Après les serments, l'archevêque se rend à l'autel pour y commencer la bénédiction des ornements royaux.

BÉNÉDICTION

DES ORNEMENTS ROYAUX.

L'archevêque dit les prières suivantes :

(Sans mitre.)

℣. Notre secours est dans le nom du Seigneur.

℟. Qui a fait le ciel et la terre.

℣. Que le nom du Seigneur soit béni.

℟. Maintenant et dans tous les siècles.

℣. Que le Seigneur soit avec vous,

℟. Et avec votre esprit.

PRIONS.

- O Dieu qui êtes l'auteur ineffable du monde,

℣. Adjutorium nostrum in nomine Domini.

℟. Qui fecit coelum et terram.

℣. Sit nomen Domini benedictum.

℟. Ex hoc nunc et usque in sæculum.

℣. Dominus vobiscum,

℟. Et cum spiritu tuo.

OREMUS.

Deus inenarrabilis auctor mundi,

conditor generis humani, gubernator imperii, confirmator regni, præsentem regem nostrum Carolum per intercessionem beatæ Mariæ Dei genitricis et omnium sanctorum uberi bene ✝ dictione locupleta, et in solium regni firma stabilitate connecte. Et præsta, ut gentes illi teneant fidem, proceres sui habeant pacem, diligant charitatem, abstineant a cupiditate, loquantur justitiam, custodiant veritatem. Et ita populus iste pullulet, coalitus bene ✝ dictione æternitatis, ut semper maneant tripudiantes in pace victores. Quod ipse præstare dignetur, qui tecum et cum Spiritu Sanc-

le créateur du genre humain, qui gouvernez les empires et en êtes le soutien, comblez de vos bénédictions, par l'intercession de la bienheureuse Marie mère de Dieu et de tous les saints votre serviteur notre Roi Charles, affermissez-le sur le trône, et faites que ses sujets lui gardent la fidélité, que les grands de son royaume vivent en paix, qu'ils aiment la charité, qu'ils s'abstiennent de la cupidité, que la justice soit dans leur bouche, qu'ils gardent la vérité, que son peuple, nourri de vos bénédictions, se multiplie de plus en plus, et que supérieur à ses ennemis, il goûte les douceurs de la paix : que celui qui règne avec vous, dans la suite des siècles, daigne lui accorder cette grace. Ainsi soit-il.

to sine fine permanet in sæcula sæculorum. Amen.

BÉNÉDICTION

DE L'ÉPÉE.

Le fauteuil du Roi ayant été approché de l'autel, et après la cérémonie des sandales et des éperons, le Roi étant debout, l'archevéque fait la bénédiction de l'épée en ce moment dans le fourreau, ainsi qu'il suit :

(Sans mitre.)

PRIONS

Exaucez nos prières, Seigneur, et daignez bénir de votre main cette épée dont votre serviteur Charles veut être ceint; afin qu'elle puisse lui servir à défendre et protéger les églises, les veuves et les orphelins, et tous vos serviteurs, et que cette épée inspire la crainte et la terreur à

OREMUS.

Exaudi, quæsumus, Dómine, preces nostras, et hunc gladium, quo famulus tuus Carolus se accingi desiderat, majestatis tuæ dextra bene † dicere dignare, quatenus defensio atque protectio possit esse ecclesiarum,

viduarum, orpha-
norum, omnium-
que Deo servien-
tium, et aliis insi-
diantibus sit pavor,
terror et formido.
Per Christum Do-
minum nostrum.
Amen.

quiconque osera tendre
des pièges à notre Roi.
Nous vous en prions par
notre Seigneur Jésus-
Christ. Ainsi soit-il.

Après cette prière, l'archevêque de Reims
ceint l'épée au Roi, la retire, l'ôte de son
fourreau et dit la prière suivante :

(Avec la mitre.)

Accipe hunc gla-
dium cum Dei bene
† dictione tibi col-
latum, in quo, per
virtutem Spiritûs
Sancti, resistere et
rejicere omnes ini-
micos tuos valeas,
et cunctos sanctæ
Dei ecclesiæ adver-
sarios, regnumque
tibi commissum tu-
tari, per auxilium
invictissimi trium-
phatoris Domini
nostri Jesu Christi :

Prenez cette épée qui
vous est donnée avec
la bénédiction du Sei-
gneur, afin que par elle
et par la force de l'Es-
prit Saint, vous puissiez
résister à tous vos en-
nemis et les vaincre,
protéger et défendre la
sainte Église et le royaume qui vous est confié.
Prenez cette épée, afin
que par son secours
vous exerciez la justice,
vous protégiez avec
bonté les veuves et les

orphelins, que vous re-
pariez les désordres, que
vous conserviez ce qui
a été rétabli, que vous
punissiez l'injustice, que
vous affermissiez tout
ce qui a été mis dans
l'ordre : afin que vous
couvrant de gloire par
la pratique de toutes les
vertus, et faisant régner
la justice, vous méritiez
de régner avec celui
dont vous êtes l'image,
et qui règne avec le Père
et le Saint-Esprit, dans
les siècles des siècles.
Ainsi soit-il!

accipe, inquam,
hunc gladium ut in
hoc per eumdem,
vim æquitatis exer-
ceas; viduas ac pu-
pillos clementer ad-
juves ac defendas,
desolata restaures,
restaurata conser-
ves, ulciscaris in-
justa, confirmes be-
ne disposita: quate-
nus, hæc in agendo,
virtutum triumpho
gloriosus, justitiæ-
que cultor egregius,
cum mundi salva-
tore, cujus typum
geris in nomine,
sine fine merearis
regnare, qui cum
Deo patre et Spiritu
Sancto vivit et reg-
nat Deus, per om-
nia sæcula sæculo-
rum. Amen.

Après cette prière, l'archevêque remet
l'épée nue entre les mains du Roi, et le chœur
chante l'antienne suivante.

Armez-vous de force, Confortare et esto

semper vir, et observa custodias Domini Dei tui, ut ambules in viis ejus, et custodias ceremonias ejus et præcepta ejus, et testimonia et judicia; et, quocumque te verteris, confirmet te Deus.

et soyez toujours homme de cœur : gardez les lois du Seigneur votre Dieu; marchez dans ses voies; observez ses préceptes, ses ordonnances et ses jugements, et que Dieu soit votre appui en quelque circonstance que vous soyez.

Et dans le temps que le Roi tient l'épée, l'archevêque dit l'oraison suivante :

(Sans mitre.)

OREMUS.

Deus, qui providentià cœlestia simul et terrena dominaris; propitiare christianissimo Regi nostro : et omnis hostium suorum fortitudo virtute gladii spiritualis frangatur, ac, te pro illo pugnante, penitus conteratur.

PRIONS.

O Dieu qui réglez avec sagesse tout ce qui se passe dans le ciel et sur la terre, soyez propice à notre Roi très chrétien. Que toute la force de ses ennemis soit brisée par la vertu de votre glaive spirituel ; combattez pour lui, et ils seront entièrement détruits.

Le Roi après avoir baisé l'épée, l'offre à Dieu et la remet sur l'autel : l'archevêque la reprend et la rend au Roi, et dit les oraisons suivantes:

(Sans mitre.)

PRIONS.

Jetez, Seigneur, des regards favorables sur votre serviteur Charles qui est ici environné de l'éclat de la royauté. Daignez le combler des bénédictions de votre grace spirituelle, et revêtez-le de la plénitude de votre puissance. Que sous son règne, les peuples jouissent de la santé; que la paix règne dans le royaume, et que la splendeur de la puissance royale éclate dans le palais de nos rois, qu'il soit le puissant protecteur de la patrie et le consolateur des églises; qu'il aime à répandre des graces, et que toujours aimable et bon

OREMUS.

Prospice, omnipotens Deus, serenis obtutibus hunc gloriosum regem Carolum, et largis benedictionibus spiritualis gratiæ eum omni plenitudine tuæ potentiæ irrigare et perfundere dignare. Illo regnante sit sanitas corporis in patria, pax inviolata sit in regno, et dignitas gloriosa regalis palatii maximo splendore regiæ potestatis oculis omnium fulgeat. Tribue ei, omnipotens Deus, ut sit fortissimus protector patriæ, et consolator ecclesiarum, proceribus et fidelibus sui regni sit munificus, semper amabilis et pius, ut ab omnibus timeatur atque diligatur. Tandem regnum hoc regere totum, et post gloriosa tempora sempiterna gaudia, in perpetua beatitudine, habere mereatur. Quod ipse præstare digneris, qui cum unigenito filio tuo Jesu Christo et Spiritu Sancto vivis et regnas Deus, per omnia sæcula sæculorum. Amen

OREMUS.

Benedic, † Domine, quæsumus, hunc principem nostrum, quem ad salutem populi nobis a te credimus esse concessum Fac eum esse annis multipli-

pour les grands et les fidèles de son royaume, il soit craint et aimé de tous. Enfin qu'il soit digne de gouverner sagement ses états, et qu'après un règne glorieux il mérite de jouir de la béatitude éternelle. Daignez lui accorder cette grace, vous qui régnez avec votre Fils Jésus-Christ et le Saint-Esprit dans les siècles des siècles Ainsi soit-il.

PRIONS

Bénissez, † Seigneur, notre prince, et dans la confiance où nous sommes que vous nous l'avez donné pour le bien de votre peuple, donnez lui une longue vie, une santé vigoureuse;

qu'il arrive à une heureuse vieillesse, et enfin au bonheur éternel! Par Jésus-Christ notre Seigneur. Ainsi soit-il.

cem salubri corporis robore vigentem, et ad senectutem atque demùm ad finem pervenire felicem. Per Christum dominum nostrum. Amen.

PRIONS

Que Dieu le Père, qui règne éternellement, soit votre aide et votre protecteur; que le Tout-Puissant vous bénisse, qu'il exauce vos prières en toutes choses, et qu'il vous accorde une longue suite de jours; qu'il affermisse de plus en plus votre trône; qu'il conserve à jamais votre nation et votre peuple; qu'il couvre de confusion vos ennemis; que Jésus-Christ soit sanctifié en vous, afin que celui qui vous a donné sur la terre un empire, vous donne dans le ciel une récompense éter-

OREMUS.

Deus, Pater æternæ gloriæ, sit adjutor tuus et protector, et Omnipotens benedicat tibi, preces tuas in cunctis exaudiat, et vitam tuam longitudine dierum adimpleat; thronum regni tui jugiter firmet, et gentem populumque tuum in æternum conservet, et inimicos tuos confusione induat, et super te sanctificatio Christi floreat, ut qui tribuit in terris imperium, ipse in cœlis conferat præmium, qui vivit et regnat, trinus et unus Deus, per omnia sæcula sæculorum. Amen.

nelle; lui qui dans l'unité de substance est Dieu en trois personnes, dans tous les siècles des siècles. Ainsi soit-il.

PRÉPARATION DU SAINT CHRÊME.

Après la cérémonie de l'épée, l'archevêque placera sur l'autel la patène, et mêlera une parcelle d'huile de la Sainte-Ampoule avec du saint Chrême.

Pendant cette cérémonie le chœur chantera :

Gentem Francorum inclytam, simul cum rege nobili, beatus Remigius, sumpto cœlitùs chrismate, sacro sanctificavit gurgite, atque Spiritûs Sancti plenitudine ditavit.

Le saint évêque Remi, ayant reçu du ciel ce précieux baume, sanctifia l'illustre race des François dans les eaux du baptême, et les enrichit du don du Saint-Esprit.

L'archevêque dit ensuite, tourné vers l'autel :

: (Sans mitre.)

℣. Ora pro nobis, beate Remigi.

℣. Priez pour nous, bienheureux Remi.

℟. Afin que nous soyons dignes des promesses de Jésus-Christ

℟. Ut digni efficiamur promissionibus Christi.

PRIONS.

OREMUS.

Seigneur, qui avez donné le bienheureux Remi à votre peuple pour le ministre de son salut, faites que nous ayons pour intercesseur dans le ciel celui que nous avons eu pour docteur sur la terre. Par notre Seigneur Jésus-Christ. Ainsi soit-il.

Deus, qui populo tuo æternæ salutis beatum Remigium ministrum tribuisti; præsta, quæsumus, ut quem doctorem vitæ habuimus in terris, intercessorem semper habere mereamur in cœlis. Per Christum dominum nostrum. Amen.

Le roi se prosterne, et on récite les litanies.

LES ÉVÊQUES.

Seigneur, ayez pitié de nous.

Kyrie, eleison.

LE CHOEUR.

Seigneur, ayez pitié de nous

Kyrie, eleison.

Jésus-Christ ayez pitié de nous.

Christe, eleison.

Kyrie, eleison.	Seigneur, ayez pitié de nous.

LES ÉVÊQUES.

Christe, audi nos.	Jésus-Christ, écoutez-nous.

LE CHŒUR.

Christe, exaudi nos.	Jésus-Christ, exaucéz-nous.

LES ÉVÊQUES.

Sancta Maria,	Sainte Marie,

LE CHŒUR.

Ora pro nobis.	Priez pour nous.

LES ÉVÊQUES.

Sancte Michael, ora.	Saint Michel, priez.
Sancte Gabriel, ora.	Saint Gabriel, priez.
Sancte Chorus Angelorum, ora.	Saint Chœur des Anges, priez.
Sancte Joannes Baptista, ora.	Saint Jean-Baptiste, priez.
Sancte Petre, ora.	Saint Pierre, priez.
Sancte Paule, ora.	Saint Paul, priez.
Sancte Andræa, ora.	Saint André, priez.
Sancte Jacobe, ora.	Saint Jacques, priez.
Sancte Joannes, ora.	Saint Jean, priez.
Sancte Thoma, ora.	Saint Thomas, priez.
Sancte Philippe, or.	Saint Philippe, priez.
Sancte Jacobe, ora.	Saint Jacques, priez.
Sancte Bartholomæe, ora.	Saint Barthélemi, priez.

Saint Matthieu,	priez.	Sancte Matthæe, or.
Saint Simon,	priez.	Sancte Simon, ora.
Saint Thaddée,	priez.	Sancte Thaddæe, o.
Saint Matthias,	priez.	Sancte Matthia, ora.
Saint Barnabé,	priez.	Sancte Barnaba, or.
Saint Chœur des Apô-		Sancte Chorus Apo-
tres,	priez.	stolorum, ora.
Saint Étienne,	priez.	Sancte Stephane, or.
Saint Clément,	priez	Sancte Clemens, or.
Saint Caliste,	priez.	Sancte Calixte, ora.
Saint Marcel,	priez.	Sancte Marcelle, or.
Saint Nicaise avec vos		Sancte Nicasi cum
compagnons,	priez.	sociis tuis, ora
Saint Maurice avec vos		Sancte Maurici cum
compagnons,	priez.	sociis tuis, ora
Saint Gervais,	priez.	Sancte Gervasi, ora.
Saint Protais,	priez.	Sancte Protasi, ora
Saint Timothée,	priez.	Sancte Timothæe,
		ora.
Saint Apollinaire,	priez.	Sancte Apollinaris,
		ora.
Saint Chœur des Mar-		Sancte Chorus Mar-
tyrs,	priez.	tyrum, ora.
Saint Sylvestre,	priez.	Sancte Sylvester, or.
Saint Remi,	priez.	Sancte Remigi, ora.
Saint Augustin,	priez	Sancte Augustine,
		ora.
Saint Jérôme,	priez.	Sancte Hieronyme,
		ora.
Saint Ambroise,	priez.	Sancte Ambrosi, or.
Saint Grégoire,	priez.	Sancte Gregori, ora.
Saint Sixte,	priez.	Sancte Sixte, ora.

Sancte Rigoberte, ora	Saint Rigobert, priez.
Sancte Martine, ora.	Saint Martin, priez.
Sancte Maurilli, or.	Saint Maurille, priez.
Sancte Nicolae, ora.	Saint Nicolas, priez.
Sancte Chorus Confessorum, ora.	Saint Chœur des Confesseurs, priez.
Sancta Maria Magdalena, ora.	Sainte Marie-Madeleine, priez.
Sancta Maria Ægyptiaca, ora.	Sainte Marie Égyptienne, priez.
Sancta Felicitas, or.	Sainte Félicité, priez.
Sancta Perpetua, or.	Sainte Perpétue, priez.
Sancta Agatha, ora.	Sainte Agathe, priez.
Sancta Agnes, ora.	Sainte Agnès, priez.
Sancta Cæcilia, ora.	Sainte Cécile, priez.
Sancta Eutropia, or.	Sainte Eutropie, priez.
Sancta Genovefa, ora.	Sainte Geneviève, priez.
Sancta Colomba, or.	Sainte Colombe, priez.
Sancta Scholastica, ora.	Sainte Scholastique, priez.
Sancta Petronilla, ora.	Sainte Pétronille, priez.
Sancta Catharina, ora.	Sainte Catherine, priez.
Sancte Chorus Virginum, ora.	Saint Chœur des Vierges, priez.
Omnes Sancti, ora.	Tous les Saints, priez.
Propitius esto, exaudi nos, Domine	O Dieu, soyez-nous favorable, exaucez-nous, Seigneur.

Des embûches du démon, délivrez-nous, Seigneur.	Ab insidiis diaboli, libera nos, Domine.
De la damnation éternelle, délivrez.	A damnatione perpetua, libera.
Par le mystère de votre sainte incarnation, délivrez.	Per mysterium sanctæ incarnationis tuæ, libera.
Par la grace du Saint-Esprit Paraclet, délivrez.	Per gratiam Sancti Spiritûs Paracleti, libera.
Au jour du jugement, délivrez.	In die judicii, libera.
Nous qui sommes pécheurs, exaucez nos prières.	Peccatores, te rogamus, audi nos.
Nous vous prions de nous donner la paix, exaucez.	Ut pacem nobis dones, te rog.
Que votre miséricorde et votre bonté soient notre sauve-garde, exaucez.	Ut misericordia tua et pietas tua nos custodiant, te rog.
Que vous daigniez répandre dans nos cœurs la grace du Saint-Esprit, exaucez.	Ut gratiam Spiritûs Sancti cordibus nostris clementer infundere digneris, te rog
Que vous daigniez conduire et défendre votre Église, exaucez.	Ut Ecclesiam tuam regere et defendere digneris, te rog.

Ut domum Aposto-licum et omnes gradus Ecclésiæ in sancta religio-ne conservare di-gneris, te rog.

Que vous conserviez dans votre sainte re-ligion le souverain Pontife, et tous les Ordres de l'Église, exaucez.

Ut archiepiscodum nostrum electum cum omni grege sibi commisso, in tuo sancto servi-tio confortare et conservare di-gneris, te rog.

Nous vous prions de for-tifier et de conserver notre archevêque et tout le troupeau qui lui a été confié, dans la soumission qui vous est due, exaucez.

Ce verset se répète trois fois.

Ut obsequium ser-vitutis nostræ ra-tionabile facias, te rogamus, audi nos.

Que le culte que nous vous rendons soit rai-sonnable et spirituel, exaucez nos prières.

Après ce verset, l'archevêque de Reims se lève, et, la mitre en tête, tenant la crosse de la main gauche, il dit les trois versets sui-vants, que le chœur répète.

Ut hunc præsentem famulum tuum Carolum in re-gem coronan-

Nous vous prions de bé-nir votre serviteur Charles ici présent, qui va être couronné roi, exaucez nos prières.

Nous vous prions de bénir, d'élever au trône et de consacrer votre serviteur Charles ici présent, qui va étre couronné roi, exaucez nos prières.

Nous vous prions de bénir, d'élever au trône et de consacrer votre serviteur Charles ici présent, qui va étre couronné roi, exaucez nos prières.

Nous vous prions de donner la paix aux rois et aux princes chréticns, et de les maintenir dans l'union, exaucez nos prières.

De conserver tout le peuple chrétien qui a été racheté par votre

dum benedicere digneris, te rog.

Ut hunc præsentem famulum tuum Carolum in regem coronandum benedicere, sublimare et consecrare digneris, te rogamus, audi nos.

Ut hunc præsentem famulum tuum Carolum in regem coronandum benedicere, sublimare et consecrare digneris, te rogamus, audi nos.

Ut regibus et principibus christianis, pacem et veram concordiam donare digneris, te rogamus, audi nos.

Ut cunctum populum christianum pretioso sanguine tuo redemptum conservare digneris, te rogamus, audi nos.

sang précieux, exaucez nos prières.

Ut cunctis fidelibus defunctis requiem æternam donare digneris, te rogamus, audi nos.

Nous vous prions qu'il vous plaise d'accorder le repos éternel à tous les fidèles qui sont morts, exaucez nos prières.

Fili Dei, te rogamus, audi nos.

O Fils de Dieu, exaucez nos prières.

Agnus Dei, qui tollis peccata mundi, parce nobis, Domine.

Agneau de Dieu, qui effacez les péchés du monde, pardonnez-nous, Seigneur.

Agnus Dei, qui tollis peccata mundi, exaudi nos, Domine.

Agneau de Dieu, qui effacez les péchés du monde, exaucez-nous, Seigneur.

Agnus Dei, qui tollis peccata mundi, miserere nobis.

Agneau de Dieu, qui effacez les péchés du monde, ayez pitié de nous.

Christe, audi nos.

Jésus-Christ, écoutez-nous.

Kyrie, eleison.

Seigneur, ayez pitié de nous.

Christe, eleison.

Jésus-Christ, écoutez-nous.

Kyrie, eleison.

Seigneur, ayez pitié de nous.

Les litanies finies, l'archevêque, debout, dit,
tourné vers le roi :

(Sans mitre.)

Notre Père...
Et ne nous laissez pas succomber....

℣. Sauvez votre serviteur.

℞. Qui espère en vous, ô mon Dieu.

℣. Soyez pour lui comme une forteresse.

℞. A la vue de l'ennemi.

℣. Que son ennemi n'ait point d'avantage sur lui.

℞. Et que l'enfant de l'iniquité n'entreprenne pas de lui nuire.

℣. Seigneur exaucez ma prière.

℞. Et que mon cri aille jusqu'à vous.

℣. Que le Seigneur soit avec vous,

℞. Et avec votre esprit.

Pater noster....
Et ne nos inducas....

℣. Salvum fac servum tuum.

℞. Deus meus, sperantem in te.

℣. Esto ei, Domine, turris fortitudinis.

℞. A facie inimici.

℣. Nihil proficiat inimicus in eo.

℞. Et filius iniquitatis non apponat nocere ei.

℣. Domine exaudi orationem meam.

℞. Et clamor meus ad te veniat.

℣. Dominus vobiscum,

℞. Et cum spiritu tuo.

OREMUS.

PRIONS.

Prætende, quæsumus, Domine, huic famulo tuo Carolo dextram cœlestis auxilii, ut te toto corde perquirat, et quæ dignè postulat assequi mereatur. Per Christum dominum nostrum. Amen.

Accordez, Seigneur, le secours de votre grâce céleste à votre serviteur Charles; afin qu'il vous recherche de tout son cœur, et qu'il mérite d'obtenir ce qu'il vous demande humblement. Par notre Seigneur Jésus-Christ. Ainsi soit-il.

OREMUS.

PRIONS.

Actiones nostras, quæsumus, Domine, aspirando præveni, et adjuvando prosequere, ut cuncta nostra oratio a te semper incipiat, et per te cœpta finiatur. Per Christum dominum nostrum. Amen.

Nous vous supplions, Seigneur, de prévenir nos actions par votre esprit, et de les conduire par une assistance particulière de votre grace; afin que toutes nos prières et toutes nos œuvres sortent de vous comme de leur principe, et se rapportent à vous comme a leur fin. Par notre Seigneur Jésus-Christ. Ainsi soit-il.

Après ces prières, l'archevêque assis dit:

(Avec sa mitre.)

PRIONS.	OREMUS.
O Dieu qui veillez sur vos peuples par votre puissance, et qui régnez sur eux par votre amour, donnez à votre serviteur Charles l'esprit de sagesse et celui du gouvernement, afin qu'en vous demeurant attaché de tout son cœur, il soit toujours capable de régir son royaume; que sous son règne l'Église jouisse d'une pleine tranquillité; que la piété réside dans ses membres, afin que, persévérant dans les bonnes œuvres, il parvienne sous votre conduite, au royaume du ciel. Par Jésus-Christ notre Seigneur. Ainsi soit-il	Deus, qui populis tuis virtute consulis, et amore dominaris, da huic famulo tuo Carolo spiritum sapientiæ tuæ, cum regimine disciplinæ, ut, tibi toto corde devotus, in regni regimine semper maneat idoneus, tuoque munere ipsius temporibus Ecclesiæ securitas dirigatur in tranquillitate; devotio ecclesiastica permaneat, ut, in bonis operibus perseverans, ad æternum regnum, te duce, valeat pervenire. Per Christum dominum nostrum. Amen.

OREMUS.

In diebus ejus oriatur omnis æquitas et justitia, amicis adjutorium, inimicis obstaculum, humilibus solatium, elatis corréctio, divitibus doctrina, pauperibus pietas, propriis in patria pax et securitas, ut tuâ irrigatus unctione, toti pópulo tibi placita præbeat vitæ exempla: sicque in te cogitatum animi, consiliumque omne componens, plebis gubernacula cum pace simul et sapientiâ semper regere videatur, teque auxiliante, præsentis vitæ prosperitatem et prolixitatem percipiat, et per tempora bona usque ad summam senectu-

PRIONS.

Que toute équité et toute justice naissent sous son règne, qu'il soit le protecteur de ses amis, le rempart de ses peuples contre ses ennemis, la consolation des humbles, qu'il réprime les orgueilleux; qu'il soit une leçon pour les riches; qu'il soit charitable envers les pauvres; qu'il fasse régner la paix et la sûreté parmi ses sujets, et que comblé de vos graces, il ne donne que des exemples de piété, qu'ainsi mettant en vous toutes ses pensées et tous ses desseins, il gouverne toujours son peuple en paix et avec sagesse, qu'il jouisse, par votre secours, d'une vie longue et heureuse; que les temps, toujours favorables pour lui, le conduisent jusqu'à une extrême vieillesse; que, délivré des liens de tout péché, par les richesses de votre miséricorde, et arrivé à la fin de cette vie périssable, il mérite de jouir de la récompense du bonheur sans fin, et de la société éternelle avec les anges. Par notre Seigneur Jésus-Christ. Ainsi soit-il.

tem perveniat, hujusque fragilitatis finem perfectum; ab omnibus vitiorum vinculis tuæ largitate pietatis liberatus, infinitæ prosperatis præmia perpetua, angelorumque æterna commercia consequatur. Per Christum dominum nostrum. Amen.

CONSÉCRATION DU ROI.

———

L'archevêque de Reims demeurant toujours assis, *avec sa mitre*, dit l'oraison suivante, et d'une voix plus élevée :

PRIONS.

Dieu tout-puissant et éternel, qui gouvernez le ciel, qui avez créé la terre, Roi des rois, Seigneur des seigneurs,

OREMUS.

Omnipotens sempiterne Deus, gubernator cœli, terræ conditor, dispositor angelorum et hominum, rex regum, respice propitius ad preces nostræ humilitatis, et super hunc famulum tuum Carolum regem nostrum bene + dictionum tuarum dona multiplica, eumque dextrâ tuæ potentiæ semper et ubiquè circumda, quatenùs Abrabæ fidelitate firmatus, Moysis mansuetudine fretus, Josue fortitudine munitus, Davidis humilitate exaltatus, Salomonis sapientiâ decoratus, tibi in omnibus complaceat, per tramitem justitiæ inoffenso gressu semper incedat, et condigno amore glorificatus et per longum vitæ spatium paternum solium stabilire et gubernare mereatur, multiplici ho-

qui réglez le sort des anges et des hommes, écoutez nos très humbles prières, et répandez vos abondantes bénédictions sur votre serviteur Charles notre roi; afin que, doué de la fidélité constante d'Abraham, de la douceur de Moïse, de la force de Josué, de l'humilité de David, et orné de la sagesse de Salomon, il vous complaise en toutes choses, qu'il marche d'un pas ferme et sûr dans le sentier de la sagesse; et que jouissant de l'amour dont il est digne, il affermisse et gouverne en paix, par votre grace, le trône de ses pères, pendant une longue suite de jours; honorez-le de bénedictions abondantes, et répandez sur lui l'onction du Saint-Esprit, par notre Seigneur Jésus-Christ, qui, par la vertu de la croix, a détruit l'enfer, surmonté l'empire du démon, et est monté victorieux au ciel, à qui appartient la toute puissance, le règne, la victoire; qui est la gloire des hommes, la vie et le salut des peuples, Dieu qui vit et règne avec vous.

noris bene ✝ dictione concorda eum, et oleo gratiæ Spiritûs Sancti perunge; per Dominum nostrum, qui virtute crucis tartara defluxit, regnoque diaboli superato, ad cœlos victor ascendit, in quo potestas omnis, regnumque constitit et victoria, qui est gloria humilium, et vita salusque populorum, qui tecum vivit et regnat Deus.

Le Roi à genoux, l'archevêque de Reims assis, tenant la patène d'or du calice de saint Remi, sur laquelle est l'onction sacrée, en prend avec le pouce droit, et sacre le Roi en la manière suivante :

(Avec la mitre.)

1º Sur le sommet de la tête, en faisant le signe de la croix, et disant ces paroles :

Je vous sacre Roi avec cette huile sancti-

Ungo te in regem de oleo sanctificato;

in nomine Patris †, et Filii †, et Spiri † tûs Sancti. | fiée, au nom du Père, du Fils, et du Saint-Esprit.

L'archevêque répète les mêmes signes de croix aux six onctions suivantes, et tous les assistants répondent à la fin de chacune : Amen.

2º Sur l'estomac. { Les évêques assistants ouvrent les ouvertures faites à la chemise et à la camisole du Roi, à chacun des endroits où doit se mettre la sainte onction.

3º Entre les deux épaules.
4º Sur l'épaule droite.
5º Sur l'épaule gauche.
6º Aux plis et jointures du bras droit.
7º Aux plis et jointures du bras gauche.

Pendant les onctions les musiciens chantent l'antienne suivante :

Unxerunt Salomonem Sadoch sacerdos et Nathan propheta Regem in Sion, et accedentes læti dixerunt: Vivat Rex in æternum. | Le prêtre Sadoch et le prophète Nathan sacrèrent Salomon dans Sion; et s'approchant de lui, ils lui dirent avec joie : Vive le Roi éternellement.

, L'archevêque toujours assis, *avec sa mitre*, et le Roi à genoux devant lui, dit les oraisons suivantes.

PRIONS.

O Christ, sacrez vous-même ce roi pour le gouvernement, ainsi que vous avez sacré les prêtres, les rois, les prophètes, les martyrs, qui par la foi ont subjugué des royaumes, ont accompli les devoirs de la justice, ont reçu l'effet des promesses; que cette onction sacrée se répande sur sa tête, et qu'elle pénètre jusque dans son ame et dans le fond de son cœur, et qu'il mérite d'avoir part aux promesses dont les rois fameux par leurs victoires ont vu en eux l'accomplissement, en sorte qu'il règne heureusement dans le siècle présent, et qu'il soit admis dans leur société,

OREMUS.

Christe, perunge hunc Regem in regimen, undè unxisti sacerdotes, reges, et prophetas, et martyres, qui per fidem vicerunt regna, operati sunt justitiam, adepti sunt repromissiones. Tua sacratissima unctio super caput ejus defluat, atque ad interiora descendat, et cordis illius intima penetret, et promissionibus quas adepti sunt victoriosissimi reges gratiâ tuâ dignus efficiatur, quatenùs et in præsenti sæculo feliciter regnet, et ad eorum consortium in cœli regno perveniat; per dominum nostrum Jesum Christum filium tuum in cujus manu victoria, omnis gloria et potestas consistunt, et tecum vivit et regnat in unitate Spiritûs Sancti Deus, per omnia sæcula sæculorum. Amen.

dans le royaume des cieux. Nous vous le demandons par notre Seigneur Jésus-Christ à qui appartiennent la victoire, la gloire, la puissance, et qui règne avec vous dans l'unité du Saint-Esprit, dans tous les siècles des siècles. Ainsi soit-il.

OREMUS.

PRIONS.

Deus electorum fortitudo, qui in primordio per effusionem diluvii, mundi crimina castigare voluisti, et per columbam ramum olivæ portantem, pacem terris redditam demonstrasti : iterùmque sacerdotem, Aaron famulum tuum per unctionem olei sacerdotem sanxisti, et prætereà per hujus unguenti infu-

O Dieu, qui êtes la force des élus, qui, au commencement du monde, avez voulu punir, par les eaux du déluge, les crimes des hommes, et qui avez fait connoître par une colombe portant un rameau d'olivier, que vous rendiez la paix à la terre; qui avez sacré prêtre votre serviteur Aaron par le moyen de l'huile sainte; qui par cette même onction avez établi les prêtres, les rois, les prophètes pour gouverner le peuple d'Israël, qui avez prédit par la bouche prophétique de David, votre serviteur, que toute la face de votre église seroit resplendissante par une telle onction : nous vous supplions, Dieu tout-puissant, de sanctifier, par votre bénédiction et par l'effet de cette huile sainte, votre serviteur ici présent : faites que participant à la douceur de la colombe, il donne la paix à tout le peuple qui lui est confié : qu'il imite avec soin les exemples d'Aaron dans le service du Seigneur : qu'il monte sur le trône, assisté dans ses jugements des conseils de la science et de l'équité, que par votre bénédiction et par l'onction de cette huile sainte, la satisfaction et la joie éclatent toujours

sionem ad regendum populum Israeliticum, sacerdotes, reges, ac prophetas perfecisti, vultumque ecclesiæ in oleo exhilarandum per propheticam famuli tui vocem David esse prædixisti, itâ, quæsumus, omnipotens Deus, Pater, ut per hujus creaturæ pinguedinem, hunc servum tuum sanctificaretuâbene-✝ dictione digneris, eumque in similitudine columbæ pacem simplicitatis populo sibi commisso præstare, et exempla Aaron in Dei servitio diligenter imitâri, regnique fastigia in consiliis scientiæ et æquitate judicii semper assequi vult tumque hilaritatis per hanc olei unctionem tuamque bene ✝ dictionem, te adjuvante, toti plebi paratum habere facias. Per Dominum.

sur son visage aux yeux de tout son peuple. Par Jésus-Christ.

OREMUS.

PRIONS.

Deus Dei Filius, dominus noster Jesus-Christus, per præsentem sacri unguinis infusionem Spiritûs Sancti Paracleti super caput tuum infundat benedictionem, eamdemque usquè ad interiora cordis tui penetrare. faciat; quatenùs hoc visibili et tractabili dono invisibilia percipere, et temporali regno justis moderaminibus executo æternaliter cum eo regnare merearis, qui solus sine peccato rex vivit et gloriatur cum Deo Patre, in unitate

Que notre Seigneur Jésus-Christ, le Fils de Dieu, répande sur votre tête, par l'effusion de cette huile sainte, la bénédiction du Saint-Esprit, et qu'il en pénètre votre cœur; afin que, par ce don visible et sensible, vous méritiez d'avoir part aux biens invisibles, et qu'après avoir gouverné avec une juste modération un royaume temporel, vous méritiez de régner avec celui qui seul, le Roi des rois, et sans péché, vit et est glorifié avec Dieu le Père dans l'unité du même

Esprit, dans tous les siècles des siècles. Ainsi soit-il.

ejusdem Spiritûs Sancti Deus, per omnia sæcula sæculorum. Amen.

Les sept onctions finies, l'archevêque de Reims, aidé des évêques assistants, referme les ouvertures de la chemise et de la camisole du Roi. Sa Majesté, revêtue de la tunique et des autres ornements royaux, etc., se met à genoux devant l'archevêque de Reims, qui, étant assis (avec sa mitre), fait au roi la *huitième* onction sur la paume de la main droite, et ensuite la *neuvième* sur celle de la main gauche, en disant cette prière :

Que ces mains reçoivent l'onction de l'huile sanctifiée, de laquelle les rois et les prophètes ont été sacrés, et de la même manière que Samuel sacra le roi David ; afin que vous soyez béni et établi Roi dans ce royaume que Dieu vous a donné à régir. Que Dieu, qui vit et règne dans tous les siècles des siècles, daigne vous ac-

Ungantur manus istæ de oleo sanctificato, undè uncti fuerunt reges, et prophetæ, et sicut unxit Samuel David in regem, ut sis benedictus et constitutus rex in regno isto, quod Dominus tuus dedit tibi ad regendum et gubernandum : quod ipse præstare dignetur, qui vivit et regnat

Deus , per omnia sæcula sæculorum. Amen.

corder cette grace. Ainsi soit-il.

Le roi à genoux, les mains jointes, l'Archevêque, debout (sans mitre.), dit l'oraison suivante :

OREMUS.

Deus qui es justorum gloria et misericordia peccatorum , qui misisti Filium tuum pretiosissimo sanguine sub genus humanum redimere; qui conteris bella, et pugnator es in te sperantium, et sub cujus arbitrio omnium regnorum continetur potestas, te humiliter deprecamur ut præsentem famulum tuum Carolum in tuâ misericordiâ confidentem, in præsenti sede régali benedicas, eique propitius

PRIONS.

O Dieu, qui êtes la gloire des justes, et qui faites miséricorde aux pécheurs; qui avez envoyé votre Fils pour racheter le genre humain par son précieux sang; qui terminez les guerres en combattant pour ceux qui espèrent en vous, et qui tenez sous l'empire de votre volonté toute la puissance des rois, nous vous supplions humblement de bénir sur ce trône votre serviteur Charles, ici présent, qui met toute sa confiance dans votre bonté, et de lui être propice. Et puisque votre protection est l'objet de ses vœux, faites qu'il soit supérieur à tous ses ennemis; qu'il en soit le vainqueur, et que le bonheur l'accompagne. Couronnez-le de la couronne de justice et de sainteté, afin que, plein de foi en vous, de tout son cœur et de toute son ame, il vous serve fidèlement; qu'il défende votre sainte Église, qu'il conduise avec équité le peuple que vous lui avez confié, et qu'à l'abri de toute adversité il lui enseigne à pratiquer la justice. Enflammez son cœur de l'amour de votre grace, par l'effet de cette huile sainte, et qu'après avoir régné comme les meilleurs rois pendant le cours des années que vous avez réglé, il mérite d'arriver aux joies

adesse digneris ; ut qui tuâ expetit protectionedefendi.omnibus hostibus sit fortior. Fac eum, Domine, beatum esse, et victorem de inimicis suis Corona eum coronâ justitiæ et pietatis, ut ex toto corde et totâ mente in te credens, tibi deserviat, sanctam tuam Ecclesiam defendat, populamque a te sibi commissum justè regat, nullis insidiantibus malis eum in justitiam convertat. Accende, Domine, cor ejus ad amorem gratiæ tuæ per hoc unctionis oleum, quatenùs justitiam diligens, per tramitem similiter incedens justitiæ, post peracta a te disposita in regali excellentiâ annorum curricula, pervenire ad æterna gaudia mereatur. Per eumdem Dominum nostrum, etc.

éternelles. Par le même Jésus-Christ, etc.

BÉNÉDICTION DES GANTS.

L'Archevêque de Reims, debout, fait la bénédiction des gants, et dit (sans mitre):

OREMUS.

+ Omnipotens creator, qui homini ad imaginem tuam creato manus dedisti, quas servari mundas præcepisti, ut in eis anima digna portaretur, et tua in eis dignè contrectentur mysteria, benedicere et sanctificare digneris hæc manuum tegumenta, ut quicumque reges iis cum humilitate manus suas velare voluerint, tàm cordis quàm operis munditiam tuâ misericordiâ subminis-

PRIONS.

Dieu tout-puissant, qui avez donné à l'homme créé à votre image des mains que vous avez voulu qu'on conservât sans tache, afin qu'elles pussent porter, pour ainsi dire, une ame toujours digne de Dieu, et qu'elles servissent d'instrument à la célébration de vos saints mystères; daignez bénir ces vêtements qui servent à couvrir les mains, afin que les rois qui voudront en faire usage ne montrent que des œuvres pures, tant à l'intérieur qu'à l'extérieur. Par Jésus - Christ notre Seigneur, etc.

trent. Per Christum Dominum, etc.

L'Archevêque de Reims, étant assis, met les gants aux mains du roi, en disant :

(Avec la mitre.)

Environnez, Seigneur, les mains de Charles, votre serviteur, de toute la pureté de l'homme nouveau qui est descendu du ciel ; afin que comme Jacob, votre bien-aimé, reçut la bénédiction paternelle, de même ce roi, qui est ici devant vous, mérite d'obtenir la bénédiction de votre grace. Par Jésus - Christ notre Seigneur, etc.

Circumda, Domine, manus hujus famuli tui Caroli, munditiâ novi hominis qui de cœlo descendit ; ut, quemadmodùm Jacob dilectus tuus paternam benedictionem impetravit, sic et iste gratiæ tuæ benedictionem impetrare mereatur. Per eumdem Jesum Christum. Amen.

BÉNÉDICTION DE L'ANNEAU.

L'Archevêque, debout, bénit l'anneau royal, et dit (sans mitre) :

PRIONS.
O Dieu, qui êtes le

OREMUS.
Deus, totius crea-

turæ principium et finis, tuam emittere benedictionem super hunc annulum, ipsumque benedicere, et sanctificare digneris ; ut qui per eum famulo tuo honoris insignia concedis, virtutum præmia largiaris, quo discretionis habitum semper retineat, veræ fidei fulgore præfulgeat. Per Christum Dominum nostrum. Amen.

principe et la fin de toute créature, répandez votre bénédiction sur cet anneau : daignez le bénir et le sanctifier, afin qu'étant le signe représentatif des honneurs de votre serviteur, il le soit aussi de ses vertus; qu'il ait toujours l'esprit de discernement; qu'il brille de la splendeur de la vraie foi. Par Jésus-Christ notre Seigneur. Ainsi soit-il.

L'Archevêque, assis (avec sa mitre), met l'anneau au quatrième doigt de la main droite du roi, en disant :

Accipe annulum, signaculum videlicet fidei sanctæ, soliditatem regni, argumentum potentiæ, per quem scias triumphali potentiâ hostes refellere,

Recevez cet anneau, qui est le signe de la foi, et de votre dignité royale, la marque de votre puissance, afin que par votre secours vous triomphiez de vos ennemis, vous teniez vos sujets dans l'union, et demeuriez persévéramment attaché à la foi catholique.

subditos coadunare, et catholicæ fidei perseverabiliter connecti.

Puis ayant quitté sa mitre, il dit :

PRIONS.

O Dieu, à qui toute puissance et toute dignité appartiennent, faites que votre serviteur recueille les fruits de sa dignité, qu'il y demeure affermi par votre grace, qu'il vous craigne toujours, et qu'il s'étudie à vous plaire sans cesse en toutes choses. Par.

OREMUS.

Deus, cujus est omnis potestas et dignitas, da famulo tuo prosperum suæ dignitatis effectum, in quâ, te remunerante, permaneat, semperque te timeat, tibique jugiter placere contendat. Per.

TRADITION DU SCEPTRE

ET DE LA MAIN DE JUSTICE.

L'Archevêque (ayant remis sa mitre) prend sur l'autel le sceptre royal, et le met dans la main droite du Roi, en disant :

Recevez ce sceptre, qui est la marque de la puissance royale, pour

Accipe sceptrum regiæ potestatis insigne, quo teipsum

benè regas, sanctam Ecclesiam, populumque videlicet christianum tibi a Deo commissum, regiâ virtute ab improbis defendas; pravos corrigas, rectos pacifices; et, ut rectam viam tenere possint, tuo juvamine dirigas; quatenùs de temporali regno ad æternum regnum pervenias, ipso adjuvante cujus regnum et imperium sine finè permanet in sæcula sæculorum. Amen.

vous bien conduire, et vous-même, et la sainte Église, et le peuple chrétien qui vous est confié; pour la défendre des méchants par votre autorité royale, pour corriger les pervers; pour pacifier les bons, et les aider à marcher dans les sentiers de la justice; afin que, par le secours de celui dont le règne et la gloire s'étendent dans tous les siècles, vous passiez d'un royaume temporel à un royaume éternel. Ainsi soit-il!

L'archevêque (sans mitre) dit :

OREMUS.

Omnipotens Domine, fons bonorum cunctorum Deus, institutor profectuum, tribue, quæsumus, famulo tuo Carolo adeptam

PRIONS.

Dieu tout-puissant, qui êtes la source de tous les biens, l'auteur des progrès qu'on fait dans la vertu; faites que votre serviteur Charles use avec sagesse de sa dignité. Donnez-lui la force nécessaire pour soutenir l'honneur de la royauté, dont vous lui avez fait part. Faites-le respecter, comblez-le de vos bénédictions; affermissez-le sur son trône; accordez-lui une longue vie. que la justice fleurisse sous son règne, et qu'il soit couvert de gloire et comblé de joie dans le royaume éternel Par notre Seigneur.

benè regere dignitatem, et à te sibi præstitum honorem dignare roborare. Honorifica eum, uberi cum benedictione locupleta, et in solio regni firmâ stabilitate consolida; præsta ei prolixitátem vitæ: in diebus ejus semper oriatur justitia, et cum jucunditate et lætitiâ æterno glorietur in regno Pei Dominum nostrum.

L'Archevêque (ayant la mitre) met la main de justice en la main gauche du roi en disant:

Recevez ce sceptre de vertu et d'équité; qu'il vous apprenne à remettre dans le droit chemin ceux qui s'égarent, à tendre la main à ceux qui sont tombés, à confondre les orgueilleux, à relever les humbles; afin que Jésus-Christ notre Seigneur vous ou-

Accipe virgam virtutis atque æquitatis, quâ intelligas errantibus viam docere, lapsis manum porrigere, disperdas superbos, et i eleves humiles, ut aperiat tibi ostium Christus Jesus Dominus noster, qui de seipso ait

Ego sum ostium; per me si quis introierit, salvabitur: ut insequi merceraris eum de quo propheta David cecinit: Sedes tua, Deus, in sæculum sæculi; virga æquitatis, virga regni tui; et imiteris eum qui dicit : Dilexisti justitiam, et odio habuisti iniquitatem; propterea unxit te Deus, Deus tuus, oleo lætitiæ, ad exemplum illius quem ante sæcula unxerat, præ participibus suis, Jesum Christum Dominum nostrum. Amen.

vre la porte du ciel, lui qui a dit de lui-même: Je suis la porte; si quelqu'un entre par moi, il sera sauvé : afin que vous méritiez de suivre en toutes choses celui dont le prophète David a parlé en ces termes : Votre trône, ô Dieu, est un trône éternel, et le sceptre de votre empire est un sceptre d'équité : et que vous imitiez celui qui dit : Parceque vous avez aimé la justice et hai l'iniquité, Dieu vous a sacré d'une huile de joie, à l'exemple de celui que Dieu avoit sacré avant tous les siècles, d'une manière plus excellente que tous ceux qui participent à sa gloire; savoir, notre Seigneur Jésus-Christ.

COURONNEMENT DU ROI.

L'Archevêque de Reims (la mitre en tête) présente la couronne sur la tête du roi, et dit :

Que Dieu vous couronne de la couronne de gloire et de justice ; qu'il vous arme de force et de courage, afin qu'étant béni par nos mains, plein de foi et de bonnes œuvres, vous arriviez à la couronne du règne éternel par la grace de celui dont le règne et l'empire s'étendent dans tous les siècles des siècles. Ainsi soit-il.

Coronet te Deus coronâ gloriæ, atque justitiæ, honore, et opere fortitudinis, ut per officium nostræ benedictionis, cum fide rectâ et multiplici bonorum operum fructu, ad coronam pervenias regni perpetui, ipso largiente cujus regnum et imperium permanet in, sæcula sæculorum. Amen.

L'Archevêque met la couronne sur la tête du roi, et dit :

Recevez la couronne de votre royaume au nom du Père, du Fils

Accipe coronam regni in nomine Patris, et Filii et

Spiritùs Sancti; ut, spreto antiquo hoste, spretisque contagiis vitiorum omnium, sic justitiam, misericordiam et judicium diligas, et ità justè et misericorditer et piè vivas, ut ab ipso Domino Jesu Christo in consortio sanctorum, æterni regni, coronam percipias. Accipe, inquam, coronam quam sanctitatis gloriam et honorem, et opus fortitudinis intelligas signare: ut virtutum gemmis ornatus, præmio sempiternæ felicitatis coronatus, cum redemptore ac salvatore nostro Christo, cujus vicem gestare crederis, sine fine glorieris, qui vivit et imperat Deus cum Deo Patre in

et du Saint-Esprit, afin que, rejetant les prestiges de l'ancien ennemi des hommes, et vous gardant de la contagion de tous les vices, vous soyez si zélé pour la justice, si accessible à la compassion, et si équitable dans vos jugements, que vous méritiez de recevoir de notre Seigneur Jésus-Christ la couronne du royaume éternel dans la société des saints. Recevez donc cette couronne, et faites qu'elle porte les marques glorieuses et honorables de votre piété et de votre courage, afin que, orné de toutes les vertus, et couronné de la récompense du bonheur éternel, vous régniez glorieusement avec Jésus-Christ, notre rédempteur et notre sauveur, dont on vous regarde comme le lieutenant : lui qui, étant Dieu, vit et règne dans

tous les siècles des siè-
cles. Ainsi soit-il?

sæcula sæculorum.
Amen.

L'Archevêque, debout (sans mitre), fait les
bénédictions suivantes :

PRIONS.

Dieu de l'éternité,
source de toute vertu,
vainqueur de tous vos
ennemis, bénissez votre
serviteur, qui baisse ici
la tête devant votre ma-
jesté. Conservez-le dans
une santé toujours flo-
rissante, et perpétuez sa
félicité; soyez son aide
et sa protection dans
toutes les occasions,
ainsi que de ceux en fa-
veur de qui il implorera
votre secours. Faites-lui
part des richesses de vo-
tre gloire; comblez ses
bons desirs; couronnez-
le dans votre miséri-
corde et votre bonté, et
faites qu'il vous serve
toujours avec piété. Par
Jésus-Christ notre Sei-
gneur. Ainsi soit-il.

OREMUS.

Deus perpetuita-
tis, dux virtutum,
cunctorum hostium
victor, bene ✝ dic
hunc famulum tuum
tibi caput suum in-
clinantem; et pro-
lixâ sanitate et pro-
sperâ felicitate eum
conserva, et ubi-
cumquè pro quibus
tuum auxilium in-
vocaverit, citò adsis
et protegas ac defen-
das : tribue ei, quæ-
sumus, Domine,
divitias gloriæ tuæ,
comple in bonis
desiderium ejus,
corona eum in mise-
ratione ac miseri-
cordiâ, ubique Deo
piâ devotione jugi-
ter famuletur. Per
Christum. Amen.

BÉNÉDICTION.

Extendat omnipotens Deus dexteram suæ bene ✝ dictionis, et circumdet te muro felicitatis, ac custodiâ suæ protectionis, sanctæ Mariæ, ac beati Petri apostolorum principis, sancti Dionysii atque B Remigii et omnium Sanctorum intercedentibus meritis. Amen.

Indulgeat tibi Dominus omnia peccata quæ gessisti, et tribuat gratiam et misericordiam; quam ab eo humiliter deposcis, et liberet te ab adversitatibus cunctis et ab omnibus inimicorum visibilium et invisibilium insidiis. Amen.

Angelos suos bo-

Que le Seigneur étende sa bénédiction sur vous; qu'il vous environne de bonheur et de toute sa protection, ainsi que des mérites de la sainte Vierge Marie, de saint Pierre, chef des apôtres, de saint Denis, de saint Remi et de tous les Saints. Ainsi soit-il.

Que le Seigneur vous accorde la rémission de tous vos péchés; qu'il vous donne la grace et la miséricorde que vous lui demandez humblement; qu'il vous délivre de toute adversité et des embûches de vos ennemis visibles et invisibles. Ainsi soit-il.

Qu'il établisse autour

de vous ses bons anges pour vous garder; qu'ils marchent devant vous, qu'ils vous accompagnent et vous suivent toujours en tous lieux; que par sa puissance il vous délivre de tout péché; qu'il vous mette à couvert du glaive ennemi et de tout danger. Ainsi soit-il!

Qu'il tourne le cœur de vos ennemis vers la paix et la douceur; qu'il vous rende toujours aimable et bienfaisant; qu'il couvre d'une confusion salutaire ceux qui vous persécuteroient et vous hairoient avec obstination, et que les fruits de la paix qu'il vous fera goûter fleurissent toujours en vous. Ainsi soit-il.

Qu'il vous fasse toujours triompher de vos ennemis invisibles; qu'il répande dans votre cœur sa crainte et l'amour de

nos, qui te semper et ubiquè præcedant, comitentur, et subsequantur, ad custodiam tui ponat, et te à peccato seu gladio, et ab omnium periculorum discrimine suâ potentiâ liberet. Amen.

Inimicos tuos ad pacis charitatisque benignitatem convertat, et bonis operibus te semper gratiosum et amabilem faciat, pertinaces quoque in tui insectatione et odio, confusione salutari inducat : super te autem participatio et sancti † ficatio sempiterna floreat. Amen.

Victoriosum te atque triumphatorem de invisibilibus hostibus semper efficiat, et sancti nominis sui timorem pariter et amorem continuum cordi tuo infundat, in fide rectâ ac bonis operibus perseverabilem reddat; et, pace in diebus tuis concessâ, cum palmâ victoriæ te ad perpetuum regnum perducat. Amen.

Et qui te voluit super populum suum constituere regem, et in præsenti sæculo felicem, æternæ felicitatis tribuat esse consortem.

Quod ipse præstare dignetur cujus regnum et imperium sine fine permanet in sæcula sæculorum. Amen.

son saint nom; qu'il vous fasse persévérer dans la vraie foi, et qu'après vous avoir fait régner en paix et remporter les palmes de la victoire pendant votre vie, il vous conduise au règne éternel. Ainsi soit-il.

Et que celui qui vous a établi roi sur son peuple, après vous avoir rendu heureux en cette vie, vous rende participant de la félicité éternelle.

Que celui dont le règne et l'empire s'étendent dans tous les siècles vous accorde cette grace. Ainsi soit-il.

AUTRE BÉNÉDICTION.

Bene ✝ dic, Domine, regem nos-

Bénissez, Seigneur, notre Roi, vous qui gouvernez depuis le commencement du monde les royaumes de tous les Rois. Ainsi soit-il.

Glorifiez-le d'une bénédiction si abondante, qu'il tienne le sceptre du salut avec la même dignité que David, et enrichissez-le du don de la sainteté et de propitiation. Ainsi soit-il.

Faites que, par l'inspiration de votre Esprit-Saint, il gouverne son peuple avec douceur, et que son règne soit aussi pacifique que celui de Salomon. Ainsi soit-il.

Qu'il vous serve avec crainte ; qu'il combatte pour vous avec confiance : couvrez-le de votre bouclier, et que par votre grace il demeure toujours vainqueur.

Qu'il soit honoré, qu'il règne heureusement sur ses peuples ; que les nations le com-

trum, qui regna omnium regum à sæculo moderaris. Amen.

Et tali cum benedictione glorifica, ut Davidicâ teneat sublimitate sceptrum salutis, et sanctificæ propitiationis munere reperiatur locupletatus. Amen.

Da ei, tuo spiramine, cum mansuetudine ità regere populum, sicut Salomonem fecisti regnum obtinere pacificum. Amen.

Tibi cum timore sit subditus, tibique militet cum quiete sit tuo clypeo protectus, et ubique gratiâ tuâ victor existat. Amen.

Honorifica eum, felix populis dominetur, et feliciter eum nationes adornent, vivat inter gentium nationes magnanimus. Amen.

Sit in judiciis æquitatis singularis, locupletet eum prædives dextera, frugiferam obtineat patriam, et ejus liberis tribuas profutura. Amen.

Præsta ei prolixitatem vitæ per tempora, ut in diebus ejus oriatur justitia; à te robustum teneat regiminis solium et cum jucunditate et lætitiâ æterno glorietur regno. Amen.

Quod ipse præstare dignetur cujus regnum et imperium sine fine permanet in sæcula sæculorum. Amen.

blent de louanges, et qu'elles célèbrent toutes sa magnanimité. Ainsi soit-il.

Qu'il soit d'une équité remarquable dans ses jugements : que celui qui est la source des richesses lui en donne de grandes; que la fertilité règne dans son pays, et comblez de vos biens ses enfants. Ainsi soit-il.

Accordez-lui une longue suite de jours; que la justice fleurisse sous son règne; rendez son trône inébranlable; et que, comblé de joie, il possède un royaume éternel. Ainsi soit-il.

Que celui dont le règne s'étend dans tous les siècles des siècles daigne lui accorder cette grace. Ainsi soit-il.

INTRONISATION DU ROI.

L'Archevêque de Reims (la mitre en tête), précédé de sa croix, de sa crosse, et de ses deux assistants, prend le Roi par le bras droit, et le conduit au trône élevé sur le jubé..... L'Archevêque fait asseoir Sa Majesté sur son trône; ensuite, la tenant debout et par le bras droit, le visage tourné vers l'autel, il dit:

Demeurez ferme, et maintenez-vous dans la place que vous avez occupée jusqu'ici, comme ayant succédé à vos pères; qui vous a été transmise par droit d'héritage; par l'autorité du Dieu tout-puissant.	Sta, et retine a-modò statum, quem hùc usquè paternâ successione tenuisti, hæreditario jure tibi delegatum per auctoritatem Dei omnipotentis, et per præsentem traditionem nostram.

Le Roi étant assis sur son trône, l'Archevêque le tenant par la main dit:

(Avec la mitre.)

Que Dieu vous affermisse sur ce trône, et	In hoc regni solio confirmet te, et in

regno æternùm se-
cum regnare faciat
Jesus Christus Do-
minus noster, Rex
regum et Dominus
dominantium, qui
cum Deo Patre et
Spiritu Sancto vivit
et regnat per omnia
sæcula sæculorum.

℣. Firmetur ma-
nus tua, et exaltetur
dextera tua.

℟. Justitia et ju-
dicium præparatio
sedis tuæ.

℣. Domine, exaudi
orationem meam.

℟. Et clamor meus
ad te veniat.

℣. Dominus vo-
biscum.

℟. Et cum spiritu
tuo.

OREMUS.

Deus, qui victri-
ces Moysis manus
in oratione firmasti,
opus manuum nos-

que Jésus-Christ notre
Seigneur vous fasse ré-
gner avec lui dans son
royaume éternel, lui qui
est le Roi des rois, et le
Seigneur des seigneurs,
qui vit et règne avec le
Père et le Saint-Esprit,
dans tous les siècles dès
siècles. Ainsi soit-il.

℣. Que votre main
soit remplie de force,
et que votre droite fasse
des choses éclatantes.

℟. Que la justice et
l'équité soient les bases
de votre trône.

℣. Seigneur écoutez
ma prière.

℟. Et que mon cri
s'élève jusqu'à vous.

℣. Que le Seigneur
soit avec vous.

℟. Et avec votre es-
prit.

PRIONS.

O Dieu, qui avez af-
fermi les mains victo-
rieuses de Moïse dans
la prière, exaucez nos

prières, et affermissez l'ouvrage de nos mains. Père saint, nous avons pour intercesseur auprès de vous Jésus-Christ notre Sauveur, qui a étendu pour nous ses mains sur la croix. C'est par lui que nous vous supplions d'anéantir l'impiété, faites grand Dieu, que votre peuple, libre de toute crainte, apprenne à ne craindre que vous seul. Par le même Jésus-Christ notre Seigneur. Ainsi soit il

trarum præ nostræ orationis exauditione confirma. Habemus et nos apud te, sancte Pater, Dominum salvatorem, qui pro nobis manus suas tetendit in cruce, per quem etiam precamur, Altissime, ut, ejus potentiâ suffragante, frangatur impietas, populusque tuus, cessante formidine, te solum timere condiscat. Per eumdem Dominum nostrum Jesum Christum. Amen.

•Ces prières achevées, l'Archevêque de Reims quitte sa mitre, fait une profonde révérence au Roi, et lui donne le baiser de paix. Alors il dit tout haut, et *par trois fois*.

VIVAT REX IN ÆTERNUM.

L'Archevêque de Reims, arrivé à l'autel, entonne le *Te Deum*.

HYMNE D'ACTIONS DE GRACES.

TE Deum laudamus, te Dominum confitemur.

Nous vous louons, Dieu tout-puissant, et nous vous reconnoissons pour le Seigneur de tout l'univers.

Te æternum Patrem omnis terra veneratur.

Père éternel, toute la terre vous adore.

Tibi omnes Angeli, tibi cœli et universæ potestates,

Tous les anges, les cieux, les puissances,

Tibi Cherubim et Seraphim incessabili voce proclamant:

Les Chérubins et les Séraphins répétent perpétuellement cet hymne en votre honneur :

Sanctus, Sanctus, Sanctus,

*Saint, Saint, Saint

Dominus, Deus Sabaoth.

Est le Seigneur Dieu des armées.

Pleni sunt cœli et terra majestatis glóriæ tuæ.

Les cieux et la terre sont remplis de la grandeur de votre gloire.

Te gloriosus Apostolorum chorus,

Le chœur glorieux des Apôtres,

Te Prophetarum laudabilis numerus,

La vénérable multitude des Prophètes,

Te Martyrum candidatus laudat exercitus.

La brillante armée des Martyrs célèbrent vos louanges.

Te per orbem ter-

L'Église sainte vous

reconnoît pour son Dieu
par toute la terre ,

O vous, Père éternel,
dont la majesté est in-
finie ;

Elle adore votre Fils
unique et véritable,

Et le Saint-Esprit con-
solateur.

Vous êtes, ô Christ,
le Roi de gloire.

Vous êtes le Fils éter-
nel du Père.

Vous n'avez pas dé-
daigné, pour délivrer
les hommes, de prendre
la nature humaine dans
le sein d'une Vierge.

Vous avez rompu l'ai-
guillon de la mort, et
vous avez ouvert aux
fidèles le royaume des
cieux.

Vous êtes assis à la
droite de Dieu, dans la
gloire du Père.

Nous croyons que
vous viendrez juger le
monde.

Nous vous supplions

rarum sancta confi-
tetur Ecclesia,

Patrem immensæ
majestatis,

Venerandum tuum
verum et unicum
Filium,

Sanctum quoquè
Paracletum Spiri-
tum.

Tu Rex gloriæ,
Christe.

Tu Patris sempi-
ternus es Filius.

Tu, ad liberan-
dum suscepturus
hominem, non hor-
ruisti Virginis ute-
rum.

Tu, devicto mor-
tis aculeo, aperuisti
credentibus Regna
cœlorum.

Tu ad dexteram
Dei sedes, in gloriâ
Patris.

Judex crederis
esse venturus.

Te ergò quæsumus, famulis tuis subveni, quos pretioso sanguine redemisti.

Æternâ fac cum Sanctis tuis in gloriâ numerari.

Salvum fac populum tuum, Domine, et benedic hæreditati tuæ.

Et rege eos, et extolle illos usquè in æternum.

Per singulos dies benedicimus te.

Et laudamus nomen tuum in sæculum, et in sæculum sæculi.

Dignare, Domine, die isto, sine peccato nos custodire.

Miserere nostri, Domine, miserere nostri.

Fiat misericordia tua, Domine, super nos, quemadmodùm speravimus in te.

donc de secourir vos serviteurs, que vous avez rachetés par votre précieux sang.

Faites, s'il vous plaît, que nous soyons placés dans la gloire au nombre de vos Saints.

Sauvez votre peuple, Seigneur, et comblez de bénédictions votre héritage.

Conduisez-le, et élevez-le jusque dans l'éternité.

Nous vous bénissons tous les jours.

Nous louons sans cesse votre nom, et nous le louerons à jamais.

Daignez, Seigneur, nous préserver en ce jour de tout péché.

Ayez pitié de nous, Seigneur, ayez pitié de nous.

Faites-nous sentir les effets de votre miséricorde, selon la confiance que nous avons mise en vous.

Seigneur, j'ai mis mon espérance en vous; je ne tomberai jamais dans la confusion.

℣. Bénissons le Père et le Fils, avec le Saint-Esprit.

℟. Louons Dieu et honorons-le dans tous les siècles.

PRIONS.

O Dieu, dont la miséricorde est sans bornes, et la bonté infinie, nous rendons graces à votre infinie majesté, qui nous comble de ses biens, des dons que nous en avons reçus, et nous conjurons votre clémence de ne point abandonner ceux à qui vous avez accordé l'effet de leurs demandes, mais de les disposer à recevoir les récompenses éternelles.

℟. Ainsi soit-il.

In te, Domine, speravi; non confundar in æternum.

℣. Benedicamus Patrem et Filium cum Sancto Spiritu.

℣. Laudemus et su perexaltemus eum in sæcula.

OREMUS.

Deus, cujus misericordiæ non est numerus, et bonitatis infinitus est thesaurus, piissimæ majestati tuæ pro collatis donis gratias agimus, tuam semper clementiam exorantes, ut qui petentibus postulata concedis, eosdem non deserens, ad præmia futura perducas. Per Dominum nostrum Jesum Christum.

℟. Amen.

MESSE DU SACRE.

Le *Te Deum* fini, le grand-chantre et le sous-chantre entonnent l'*Introit*, qui est continué par la musique.

M. l'Archevêque de Reims commence la Messe, et alors un chapelain du Roi commence une Messe basse à l'autel dressé à un bout du jubé.

ORDINAIRE DE LA MESSE.

PRIÈRE AVANT LA MESSE.

Prosterné au pied de votre saint autel, je vous adore, Dieu tout-puissant : je crois fermement que la messe à laquelle je vais assister est le sacrifice du corps et du sang de Jésus-Christ, votre fils ; faites que j'y assiste avec l'attention, le respect, et la frayeur que demandent de si redoutables mystères, et que, par les mérites de la victime qui s'immole pour moi, immolé moi-même avec elle, je ne vive plus que pour vous, qui vivez et régnez dans tous les siècles des siècles. Amen.

9

Le Prêtre au pied de l'autel fait le signe de la croix, et dit :

Au nom du Père, et du Fils, et du Saint-Esprit. Amen.

In nomine Patris, et Filii, et Spiritûs Sancti. Amen.

Je m'approcherai de l'autel de Dieu : ℟. Je me présenterai devant Dieu, qui remplit mon ame d'une joie toujours nouvelle.

Introibo ad altare Dei, ℟. Ad Deum qui lætificat juventutem meam

PSAUME 42.

Soyez mon juge, ô mon Dieu, et prenez ma défense contre les impies : délivrez-moi de l'homme injuste et trompeur.

Judica me, Deus, et discerne causam meam de gente non sanctâ : ab homine iniquo et doloso erue me.

℟. Car vous êtes mon Dieu ; vous êtes ma force : pourquoi vous éloignez-vous de moi ? pourquoi me laissez-vous dans le deuil et la tristesse, et dans l'oppression de mes ennemis?

℟. Quia tu es, Deus , fortitudo mea : quarè me repulisti ? et quarè tristis incedo dùm affligit me inimicus?

Faites briller sur moi votre lumière et votre vérité : qu'elles me con-

Emitte lucem tuam et veritatem tuam ; ipsa me de-

duxerunt, et addu-
xerunt in montem
sanctum tuum et
in tabernacula tua.

℞. Et introibo ad
altare Dei: ad Deum
qui lætificat juven-
tutem meam.

Confitebor tibi in
cithara, Deus, Deus
meus: quarè tristis
es, anima mea,
et quarè contur-
bas me?

℞. Spera in Deo,
quoniam adhùc
confitebor illi: sa-
lutare vultûs mei,
et Deus meus.

℞ Gloria Patri, et
Filio, et Spiritui
Sancto : ℞. Sicut
erat in principio,
et nunc, et semper,
et in sæcula sæcu-
lorum. Amen.

Introibo ad al-
tare Dei : ℞. Ad

duisent sur votre mon-
tagne sainte, et qu'elles
me fassent entrer jusque
dans votre sanctuaire.

℞. Je m'approcherai
de l'autel de Dieu : je me
présenterai devant Dieu,
qui remplit mon ame
d'une joie toujours nou-
velle.

Je chanterai vos louan-
ges sur la harpe, mon
Seigneur et mon Dieu :
ô mon ame, pourquoi
donc êtes-vous triste, et
pourquoi me troublez-
vous ?

℞. Espérez en Dieu,
car je lui rendrai encore
des actions de graces : il
est mon Sauveur, il est
mon Dieu.

Gloire au Père, et au
Fils, et au Saint-Esprit :
℞. Aujourd'hui et tou-
jours, comme dès le
commencement, et dans
tous les siècles.

Amen.

Je m'approcherai de
l'autel de Dieu : ℞. Je me
présenterai devant Dieu,

qui remplit mon ame d'une joie toujours nouvelle. | Deum qui lætificat juventutem meam.

Après le confiteor *du Prêtre, les assistants répondent :*

Que Dieu tout-puissant ait pitié de vous, et qu'après vous avoir pardonné vos péchés, il vous conduise à la vie éternelle.
℟. Amen.

Misereatur tui omnipotens Deus; et, dimissis peccatis tuis, perducat te ad vitam æternam.
℟. Amen.

Les assistants font la confession, en disant :

Je confesse à Dieu tout-puissant, à la bienheureuse Marie toujours vierge, à saint Michel Archange, à saint Jean-Baptiste, aux Apôtres saint Pierre et saint Paul, à tous les Saints, et à vous, mon Père, que j'ai beaucoup péché par pensées, par paroles, et par actions; c'est ma faute, c'est ma faute, c'est ma très grande faute. C'est pourquoi je supplie la bienheureuse

Confiteor Deo omnipotenti , beatæ Mariæ semper virgini, beato Michaeli Archangelo, beato Joanni - Baptistæ, sanctis Apostolis Petro et Paulo, omnibus Sanctis, et tibi, Pater, quia peccavi nimis cogitatione, verbo, et opere; meâ culpâ, meâ culpâ, meâ maximâ culpâ. Ideò precor beatam Mariam semper virginem, beatum Michaelem Archangelum, beatum Joannem - Baptistam, sanctos Apostolos Petrum et Paulum, omnes Sanctos, et te, Pater, orare pro me ad Dominum Deum nostrum.

Marie toujours vierge, saint Michel Archange, saint Jean-Baptiste, les Apôtres saint Pierre et saint Paul, tous les Saints, et vous, mon Père, de prier pour moi le Seigneur notre Dieu.

Le Prêtre prie pour les assistants, et pour lui-même.

Misereatur vestri omnipotens Deus; et, dimissis peccatis vestris, perducat vos ad vitam æternam. ℞. Amen.

Que Dieu tout-puissant ait pitié de vous; et qu'après vous avoir pardonné vos péchés, il vous conduise à la vie éternelle.

℞. Amen.

Indulgentiam, absolutionem, et remissionem peccatorum nostrorum tribuat nobis omnipotens et misericors Dominus. ℞. Amen.

Que le Seigneur tout-puissant et miséricordieux nous accorde le pardon, l'absolution, et la rémission de nos péchés.

℞. Amen.

Deus, tu conversus vivificabis nos;

O Dieu, tournez vos regards vers nous, et vous nous donnerez une nouvelle vie; ℟. Et votre peuple se réjouira en vous.

Faites - nous sentir, Seigneur, les effets de votre miséricorde; ℟. Et accordez-nous le salut qui vient de vous.

Seigneur, daignez écouter ma prière; ℟. Et que mes cris pénètrent jusqu'à vous.

℣. Le Seigneur soit avec vous, ℟. Et avec votre esprit.

℟. Et plebs tua lætabitur in te.

Ostende nobis, Domine, misericordiam tuam; ℟. Et salutare tuum da nobis.

Domine, exaudi orationem meam; ℟. Et clamor meus ad te veniat.

℣. Dominus vobiscum, ℟. Et cum spiritu tuo.

Lorsque le Prêtre monte à l'autel.

Nous vous supplions, Seigneur, d'effacer et de détruire nos iniquités; afin que nous nous approchions du Saint des Saints avec une entière pureté de cœur et d'esprit. Par notre Seigneur Jésus-Christ.
Amen.

Aufer à nobis, quæsumus, Domine, iniquitates nostras; ut ad Sancta Sanctorum puris mereamur mentibus introire. Per Christum Dominum nostrum.
Amen.

Le sous-diacre présente la croix, en disant:

Nous vous adorons, ô Jésus, et nous vous

Adoramus te, Christe, et benedicimus tibi; quia per crucem tuam redemisti mundum.

bénissons ; parceque vous avez racheté le monde par votre croix.

Lorsqu'il baise l'autel.

Oramus te, Domine, per merita Sanctorum tuorum, quorum reliquiæ hic sunt, et omnium Sanctorum, ut indulgere digneris omnia peccata mea.

Amen.

Nous vous prions, Seigneur, par les mérites des Saints dont les reliques sont dans ce saint temple, et de tous les Saints, de daigner me pardonner mes péchés.

Amen.

BÉNÉDICTION DE L'ENCENS.

Ab illo benedicaris, in cujus honore cremaberis.

Amen.

Daignez, ô Dieu, bénir cet encens qui va brûler en votre honneur.

Amen.

INTROIT.

A LA MESSE.

Misericordiâ Domini plena est terra : verbo Domini cœli firmati sunt; et spiritu oris ejus omnis virtus eorum.

Toute la terre est remplie de la miséricorde du Seigneur : les cieux ont été créés par sa parole éternelle; et le souffle de sa bouche a formé les astres, qui en font l'ornement et la beauté. Ps. Justes, célébrez avec joie la gloire du Seigneur ; c'est aux cœurs purs et droits de chanter ses louanges.

Ps. Exultate, justi, in Domino : rectos decet collaudatio. Gloria. Misericordiâ.

Après l'Introït, le Prêtre et les assistants disent trois fois alternativement :

Seigneur, ayez pitié de nous !

Kyrie, eleison.

Jésus, ayez pitié de nous !

Christe, eleison,

Seigneur, ayez pitié de nous !

Kyrie, eleison.

Gloire à Dieu dans le ciel, et paix sur la terre aux hommes de bonne volonté ! Nous vous louons. Nous vous bénissons. Nous vous adorons. Nous vous glorifions. Nous vous rendons graces dans la vue de votre gloire infinie ; Seigneur Dieu, souverain Roi du ciel, ô Père tout-puissant ; Seigneur Jésus-Christ, Fils unique de Dieu ; Seigneur

Gloria in excelsis Deo : Et in terrà pax hominibus bonæ voluntatis. Laudámus te. Benedicimus te. Adoramus te. Glorificamus te. Gratias agimus tibi propter magnam gloriam tuam, Domine Deus ; Rex cœlestis, Deus Pater omnipotens ; Domine Fili unigenite, Jesu Christe ; Domine Deus, Agnus Dei, Filius Patris. Qui tollis peccata mundi, miserere nobis. Qui tollis peccata mundi, suscipe deprecationem nostram. Qui sedes ad dexteram Patris, miserere nobis. Quoniam tu solus Sanctus, tu solus Dominus, tu solus Altissimus, Jesu Christe, cum Sancto Spiritu in gloriâ Dei Patris.

Amen.

℣. Dominus vobiscum, ℟. Et cum spiritu tuo.

Dieu, Agneau de Dieu, Fils du Père. Vous qui effacez les péchés du monde, ayez pitié de nous. Vous qui effacez les péchés du monde, recevez notre humble prière. Vous qui êtes assis à la droite du Père, ayez pitié de nous. Car vous êtes le seul Saint, le seul Seigneur, le seul Très-haut, ô Jésus-Christ, avec le Saint-Esprit, dans la gloire de Dieu le Père.

Amen.

℣. Le Seigneur soit avec vous, ℟. Et avec votre esprit.

Le Prêtre récite la collecte.

ORÉMUS.

Omnipotens sempiterne Deus, qui dedisti famulis tuis, in confessione veræ fidei æternæ Trinitatis gloriam agnoscere, et in potentiâ majes-

PRIONS.

Dieu tout-puissant et éternel, qui avez fait la grace à vos serviteurs de reconnoître par une sincère confession de foi la gloire de l'éternelle Trinité, et d'adorer la toute-puissance de votre majesté dans l'unité d'une même nature; faites qu'un attachement inviolable à cette même foi nous affermisse contre toutes sortes d'adversités.

tatis adorare unitatem; quæsumus, ut ejusdem fidei firmitate, ab. omnibus semper muniamur adversis. Per Dominum nostrum Jesum Christum, filium tuum, qui te cum vivit et regnat, in unitate Spiritûs Sancti, Deus.

MÉMOIRE DU DIMANCHE.

PRIONS.

O Dieu, qui êtes la force de ceux qui espèrent en vous, écoutez favorablement nos prières; et parceque la foiblesse de l'homme ne peut rien sans vous, donnez-nous le secours de votre grace; afin qu'en accomplissant votre loi notre cœur et nos actions vous soient toujours agréables. Nous vous en prions.

OREMUS.

Deus, in te sperantium fortitudo, adesto propitius invocationibus nostris; et quia sine te nihil potest mortalis infirmitas; præsta auxilium gratiæ tuæ, ut in exequendis mandatis tuis, et voluntate tibi, et actione placeamus. Per Dominum nostrum, etc.

ORAISON POUR LE ROI.

OREMUS.

- Quæsumus, omnipotens Deus, ut famulus tuus Rex noster Carolus, qui tuâ miseratioue suscepit regni gubernacula, virtutum etiam omnium percipiat incrementa, quibus decenter ornatus, et vitiorum monstra devitare, hostes superare, et ad te qui via, veritas, et vita es, gratiosus valeat pervenire. Per Dominum nostrum.

PRIONS.

Accordez à nos prières, Dieu tout-puissant, que votre serviteur Charles, notre Roi, qui par votre miséricorde a reçu la conduite de ce royaume, reçoive aussi l'accroissement de toutes les vertus; afin que revêtu de leur force, et saintement orné de leur éclat, il ait les vices en horreur comme autant de monstres; qu'il soit victorieux de ses ennemis; et qu'agréable à vos yeux par ses bonnes œuvres il puisse enfin arriver jusqu'à vous, qui êtes la voie, la vérité, et la vie. Par notre Seigneur.

ÉPÎTRE.

Carissimi, omne quod natum est ex Deo vincit mun-

Mes bien-aimés, tous ceux qui ont reçu une nouvelle naissance en

Dieu, par le baptême, et la foi en J.-C., sont victorieux du monde et des piéges qu'il oppose à la pratique de la vertu. Et cette victoire que nous remportons sur le monde, c'est l'effet de notre foi. Mais quel est celui qui est victorieux du monde, sinon celui qui croit que J.-C. est le fils de Dieu, et qui suit ses maximes? C'est ce même J.-C. qui est venu racheter le monde par l'effusion de son sang, et effacer nos iniquités par l'eau du baptême. Et ce n'est pas seulement en donnant à l'eau la vertu de nous purifier, mais en mourant et répandant son sang pour nous. C'est l'Esprit Saint qui rend témoignage à la vérité de la mission de J.-C., et qui atteste qu'il est la vérité même qui est venue nous éclairer. Car il y en a trois dans le ciel qui rendent ce té-

dum; at hæc est victoria quæ vincit mundum fides nostra. Quis est qui vincit mundum, nisi qui credit quoniam Jesus est filius Dei? Hic est qui venit per aquam et sanguinem, Jesus Christus; non in aquâ solùm, sed in aquâ et sanguine. Et Spiritus est, qui testificatur, quoniam Christus est veritas. Quoniam tres sunt qui testimonium dant in cœlo, Pater, Verbum, et Spiritus Sanctus; et hi tres unum sunt. Et tres sunt qui testimonium dant in terrâ: Spiritus, et aqua, et sanguis, et hi tres unum sunt. Si testimonium hominum accipimus, testimonium Dei majus est, quoniam hoc est testimonium Dei, quod majus est: quoniam testificatus est de filio suo. Qui credit in filium Dei, habet testimonium Dei in se.

moignage ; le Père, le Verbe, et l'Esprit-Saint, et ces trois personnes ne font qu'un ; et il y en a trois, qui rendent témoignage sur la terre ; le cri de J.-C. sur l'arbre de la croix ; l'eau et le sang sortis de son côté ; et ces trois rendent témoignage qu'il est Dieu et homme tout ensemble. Si nous croyons au témoignage des hommes, à combien plus forte raison devons-nous croire à celui de Dieu. Or, c'est Dieu même qui a confirmé, par les preuves les plus éclatantes, la divinité de son fils : et celui qui croit au fils de Dieu, croit en même temps au témoignage que Dieu lui a rendu.

GRADUEL.

Magnus Dominus et laudabilis nimis, et magnitudi-

Le Seigneur est grand et infiniment digne de louanges : sa grandeur

n'a point de bornes.
℣. Que tout ce que vous
avez fait célèbre vos
louanges, Seigneur, et
que vos serviteurs vous
bénissent. Le Seigneur.

nis ejus non est fi-
nis. ℣. Confiteantur
tibi, Domine, om-
nia opera tua, et
sancti tui benedi-
cant tibi. Magnus.

Alleluia, Alleluia.

Saint, saint, saint est
le Seigneur, le Dieu tout-
puissant ; qui étoit, qui
est, et qui sera. Alle-
luia.

Sanctus, sanctus,
sanctus Dominus
Deus omnipotens,
qui erat, et qui est,
et qui venturus est.
Alleluia.

PROSE

Que l'orgueilleux se
taise, que la foi simple
et chrétienne se sou-
mette à la parole de Dieu.

Os superbum
conticescat :
Simplex fides
acquiescat
Dei magisterio.

Nous adorons un seul
Dieu, nous reconnois-
sons trois personnes
dans un même mystère.

Unum Deum ado-
ramus,
Tres personas
prædicamus
In uno mysterio.

Dieu est un pur es-
prit : il existe par lui-
même : il trouve en lui
son bonheur ; seul, il se
suffit.

Molis expers, et
mens totus :
In se manens, se
beatus,

Sibi Deus sufficit.

Est in Deo totum quod est :

Quod est Deus, totus hoc est :

Mens narrando deficit.

Ante tempus, tempus supplet,

Extra locum, locum implet,

Ipse locus omnium.

Cuncta creat increatus;

Mutat cuncta non mutatus,

Agens servat otium

Deum verum ut non dividimus :

Tres in uno personas credimus :

Patrem, Verbum, Spiritum.

Una simplex tres sunt substantiâ :

Mens assensum ad hæc mysteria,

Il renferme toutes les perfections, et ses perfections sont lui-même: l'esprit humain se confond dans la grandeur de ces mystères.

Dieu est avant tous les temps, et les supplée par son éternité : il remplit tous les lieux, sans être borné par aucun: toutes les créatures existent en lui.

Il ne tient l'être de personne; tout ce qui est dans l'univers le tient de lui; il change tout sans changer lui-même; il agit sans perdre le repos.

Nous ne divisons pas la divinité, mais nous croyons trois personnes en un seul Dieu : le Père, le Verbe, et l'Esprit-Saint.

Ces trois n'ont qu'une seule nature indivisible que l'esprit se soumette avec assurance à la foi de ces grandes vérités.

Le Verbe, image parfaite de son Père, est engendré de lui comme la lumière de la lumière.

Le Père aime le Fils, le Fils aime le Père, l'Esprit-Saint procède de cet amour mutuel.

O Trinité, fondement de notre espérance, faites que la concorde et l'union que vous nous prescrivez ressemble à celle de vos personnes adorables.

Que vous seul en soyez le lien; qu'elle se soutienne par vous dans la vie présente; et qu'elle se consomme en vous dans le siècle à venir.

Ainsi soit-il.

Det secura subditum.

Patris verbum è plenitudine,
Par imago, lumen de lumine,
Idem Deus nascitur.

Natum Pater, Patrem intuitus
Natus amat : hinc Deus Spiritus
Ex ambobus oritur.

O æterna spes nostra Trinitas,
Tuos inter, quam mandas unitas
Tuam imitetur.

Hujus esto tu solus vinculum;
Per te nunc stet; post actum seculum
In te consummetur.
Amen.

Avant l'Évangile, le célébrant dit :

Munda cor meum ac labia mea, omnipotens Deus, qui labia Isaiæ Prophetæ calculo mundasti ignito : ita me tuâ gratâ miseratione dignare mundare, ut sanctum Evangelium tuum dignè valeam nuntiare ; Per Christum.

Purifiez mon cœur et mes lèvres, Dieu tout-puissant, qui avez purifié les lèvres du Prophète Isaie avec un charbon ardent : daignez, par un effet de votre miséricorde envers moi, me purifier de telle sorte, que je puisse annoncer dignement votre saint Évangile ; Par J. C. N. S.

Le Diacre dit : Jube, Domne, benedicere.

Le célébrant répond :

Dominus sit in corde tuo et in labiis tuis ; ut dignè et competenter annunties Evangelium suum. In nomine Patris, et Filii, et Spiritûs Sancti. Amen.

Que le Seigneur soit dans votre cœur et sur vos lèvres ; afin que vous annonciez dignement son saint Évangile. Au nom du Père, et du Fils, et du Saint-Esprit.

Ainsi soit-il.

BÉNÉDICTION DE L'ENCENS.

Ab illo benedicaris, in cujus honore

Daignez, ô Dieu, bénir cet encens qui va

10.

brûler en votre hon-
neur.

Ainsi soit-il!

cremaberis. Amen.

L'Évêque faisant la fonction de Diacre chante l'Évangile.

ÉVANGILE.

En ce temps-là, Jé-sus dit à ses disciples : toute puissance m'a été donnée dans le ciel et sur la terre. Allez donc, instruisez toutes les na-tions, les baptisant au nom du Père, et du Fils, et du Saint-Esprit, et leur apprenant à ob-server toutes les choses que je vous ai prescrites. Et assurez-vous que je suis toujours avec vous jusqu'à la consommation des siècles.

In illo tempore, dixit Jesus discipu-lis suis; data est mihi omnis potestas in cœlo et in terrâ Euntes ergo, docete omnes gentes ; bap-tizantes eo in nomi-ne Patris, et Filii, et Spiritûs Sancti : docenteseos servare omnia quæcumque mandavi vobis. Et ecce ego vobiscum sum omnibus die-bus, usque ad con-summationem sæ-culi.

Après l'Évangile, le célébrant dit:

Que nos péchés soient effacés par les paroles du saint Évangile.

Per Evangelica dicta deleantur nos-tra delicta.

L'Archevêque de Reims baise le livre des Évangiles, et entonne le Credo.

Le grand Aumônier de France se rend au trône, pour y présenter le livre des Évangiles à baiser au Roi.

Credo in unum Deum, Patrem omnipotentem, factorem cœli et terræ, visibilium omnium, et invisibilium. Et in unum Dominum Jesum Christum, Filium Dei unigenitum, et ex Patre natum ante omnia sæcula: Deum de Deo, lumen de lumine, Deum verum de Deo vero; genitum, non factum, consubstantialem Patri; per quem omnia facta sunt. Qui propter nos homines, et propter nostram salutem, descendit de cœlis; Et incarnatus est de

Je crois en un seul Dieu, le Père tout-puissant, qui a fait le ciel et la terre, toutes les choses visibles et invisibles. Je crois en un seul Seigneur Jésus-Christ, Fils unique de Dieu, qui est né du Père avant tous les siècles: Dieu de Dieu, lumière de lumière, vrai Dieu de vrai Dieu; qui n'a pas été fait, mais engendré consubstantiel au Père; par qui tout a été fait. Qui est descendu des Cieux pour nous autres hommes, et pour notre salut. Qui s'est incarné en prenant un corps dans le sein de la Vierge Marie par l'opération du Saint-Esprit, et qui s'est fait Homme. Qui a été crucifié pour nous; qui a souffert sous Ponce-Pilate, et qui a été mis dans le tombeau. Qui est ressuscité le troisième jour selon les Écritures. Qui est monté au Ciel, où il est assis à la droite du Père. Qui viendra de nouveau plein de gloire juger les vivants et les morts, et dont le règne n'aura point de fin. Je crois au Saint-Esprit, qui est aussi Seigneur, et qui donne la vie; qui procède du Père et du Fils. Qui est adoré et glorifié conjointement avec le Père et le Fils; qui a parlé par les Prophètes. Je crois l'Eglise, qui est Une, Sainte, Catholique et Apostolique. Je confesse qu'il y a un Baptême pour la rémission des péchés. J'attends la résurrection des morts

Spiritu Sancto ex Mariâ Virgine; et HOMO FACTUS EST Crucifixus etiam pro nobis sub Pontio Pilato, passus, et sepultus est. Et resurrexit tertiâ die secundùm Scripturas Et ascendit in cœlum, sedet ad dexteram Patris. Et iterùm venturus est cum gloriâ judicare vivos et mortuos; cujus regni non erit finis. Et in Spiritum Sanctum Dominum, et vivificantem; qui ex Patre Filioque procedit. Qui cum Patre et Filio simul adoratur et conglorificatur; qui locutus est per Prophetas. Et Unam, Sanctam, Catholicam et Apostolicam Ecclesiam. Confiteor unum Baptisma in remissionem peccatorum ; et expecto resurrectionem mortuorum , et vitam venturi sæculi.

Amen.

℣. Dominus vobiscum, ℟. Et cum spiritu tuo.

et la vie du siècle à venir. Ainsi soit-il.

℣. Le Seigneur soit avec vous , ℟. Et avec votre esprit.

OREMUS.

Omnipotens Deus, cœlestium moderator, qui famulum tuum Carolum ad regni fastigium dignatus es provehere ; concede, quæsumus , ut à cunctis adversitatibus servetur, et ecclesiasticæ pacis dono muniatur , et ad æternæ pacis gaudia, te donante, pervenire mereatur. Per

PRIONS.

Dieu tout puissant , qui réglez tout ce qui est au-dessus de nous , et qui avez daigné élever au trône votre serviteur Charles, nous vous supplions de le préserver de toute adversité , de le fortifier du don de la paix ecclésiastique, et de le faire arriver , par votre grace , aux joies d'une paix éternelle. Par notre Seigneur.

OFFERTOIRE.

Domine Deus, omnium creator , justus et misericors,

Seigneur Dieu, créateur de toutes choses, juste et miséricordieux, seul vous êtes roi souverainement bon, vous êtes seul tout-puissant et éternel; recevez ce sacrifice qui vous est offert pour tout votre peuple; veillez et conservez ceux qui sont votre héritage, sanctifiez-les.

qui solus et bonus rex, solus omnipotens, et æternus; accipe sacrificium pro universo populo tuo, et custodi partem tuam et sanctifica.

L'Archevêque de Reims fait l'oblation des hosties portées du petit autel par l'Aumonier du Roi.

OBLATION DE L'HOSTIE.

Recevez, ô Père saint, Dieu éternel et tout-puissant, cette hostie sans tache que je vous offre, tout indigne que je suis de ce ministère. Je vous l'offre, Seigneur, comme à mon Dieu vivant et véritable, pour mes péchés, mes offenses et mes négligences qui sont sans nombre : je vous l'offre aussi pour tous les assistants, et même pour

Suscipe, sancte Pater, omnipotens, æterne Deus, hanc immaculatam hostiam, quam ego indignus famulus tuus offero tibi Deo meo vivo et vero, pro innumerabilibus peccatis et offensionibus, et negligentiis meis, et pro omnibus circumstantibus, sed et pro omnibus fidelibus Christianis vivis atque defunctis; ut mihi et illis proficiat ad salutem in vitam æternam.

Amen.

tous les fidèles Chrétiens vivants et morts; afin qu'elle serve à eux et à moi pour le salut éternel.

Ainsi soit-il.

CÉRÉMONIE DE L'OFFRANDE.

Le Roi descend de son trône pour se rendre à l'Offrande. Il fait les Offrandes à l'Archevêque de Reims, et remonte à son trône.

Le diacre met le vin et l'eau dans le calice et dit :

Deus qui humanæ substantiæ dignitatem mirabiliter condidisti, et mirabiliùs reformasti; da nobis, per hujus aquæ et vini mysterium, ejus divinitatis esse consortes, qui humanitatis nostræ fieri dignatus est particeps, Jesus Christus, Filius tuus, Dominus noster; Qui

O Dieu, qui, par un effet admirable de votre puissance, avez créé l'homme dans un haut degré d'excellence, et qui, par un prodige de bonté encore plus surprenant, avez daigné réparer cet ouvrage de vos mains, après sa chute : donnez-nous, par le mystère que ce mélange d'eau et de vin nous représente, la grace de participer à la divinité de Jésus-Christ votre Fils, qui a bien voulu se revêtir de notre humanité ; lui qui étant Dieu, etc.

tecum vivit et regnat in unitate Spiritûs Sancti Deus, etc.

OBLATION DU CALICE.

Nous vous offrons, Seigneur, le Calice du salut, en conjurant votre bonté de le faire monter comme un parfum d'une agréable odeur, jusqu'au trône de votre divine Majesté, pour notre salut et celui de tout le monde.

Amen.

Offerimus tibi, Domine, Calicem salutaris, tuam deprecantes clementiam, ut in conspectu divinæ Majestatis tuæ, pro nostrâ et totius mundi salute, cum odore suavitatis ascendat. Amen.

Nous nous présentons devant vous, Seigneur, avec un esprit humilié et un cœur contrit : recevez-nous, et faites que notre sacrifice s'accomplisse aujourd'hui devant vous, d'une manière qui vous le rende agréable, ô Seigneur notre Dieu.

In spiritu humilitatis, et in animo contrito suscipiamur à te, Domine, et sic fiat sacrificium nostrum in conspectu tuo hodiè, ut placeat tibi, Domine Deus.

Venez, Sanctificateur tout-puissant, Dieu éter-

Veni, Sanctificator omnipotens,

æterne Deus, et benedic hoc sacrificium tuo sancto nomini præparatum.

nel, et bénissez ce sacrifice destiné pour rendre gloire à votre saint nom.

BÉNÉDICTION DE L'ENCENS.

Per intercessionem beati Archangeli stantis à dextris altaris incensi, et omnium electorum suorum, dignetur Dominus incensum istud benedicere, et in odorem suavitatis accipere; Per Christum, etc.

Que par l'intercession du bienheureux Archange qui est debout à la droite de l'autel des parfums, et par la prière de tous ses élus, le Seigneur daigne bénir cet encens, et le recevoir comme un parfum d'une odeur agréable; Par N. S. J. C.

Le célébrant encense les offrandes, en disant :

Incensum istud à te benedictum ascendat ad te, Domine; et descendat super nos misericordia tua.

Que cet encens que vous avez béni monte vers vous, Seigneur; et que votre miséricorde descende sur nous.

Il encense l'autel, en disant du Ps 40.

Dirigatur, Domine, oratio mea sicut incensum in

Que ma prière, Seigneur, s'élève vers vous comme la fumée de l'encens.; que l'élévation de mes mains vous soit agréable comme le sacrifice du soir. Mettez, Seigneur, une garde à ma bouche et une porte à mes lèvres Ne permettez point que mon cœur se laisse aller à des paroles de malice, pour chercher des excuses à mes péchés.

conspectu tuo : elevatio manuum mearum sacrificium vespertinum. Pone, Domine, custodiam ori meo, et ostium circumstantiæ labiis meis. Non declines cor meum in verba malitiæ, ad excusandas excusationes in peccatis.

Puis rendant l'encensoir au diacre, il dit:

Que le Seigneur allume en nous le feu de son amour, et qu'il nous enflamme d'une charité éternelle. Ainsi soit-il.

Accendat in nobis Dominus ignem sui amoris et flammam æternæ caritatis. Amen.

Le célébrant lave ses doigts, en disant du Ps. 25.

Je laverai mes mains avec les justes, et je m'approcherai de votre autel, Seigneur, afin d'entendre publier vos louanges et de raconter moi-même toutes vos merveilles. J'aime la beauté de votre maison,

Lavabo inter innocentes manus meas, et circumdabo altare tuum, Domine, ut audiam vocem laudis, et enarrem universa mirabilia tua. Domine, dilexi decorem domûs tuæ, et locum' habitationis gloriæ tuæ. Ne perdas cum impiis, Deus, animam meam, et cum viris sanguinum vitam meam In quorum manibus iniquitates sunt : dextra eorum repleta est muneribus. Ego autem in innocentia mea ingressus sum : redime me, et miserere meî. Pes meus stetit in directo : in Ecclesiis, benedicam te, Domine. Gloria Patri, et Filio, et Spiritui Sancto : sicut erat in principio, et nunc, et semper, et in sæcula sæculorum. Amen.

Seigneur, et le lieu où réside votre gloire. O Dieu, ne me confondez pas avec les impies, et ne me traitez pas comme les +homicides. Leurs mains sont accoutumées a l'injustice, et ils se laissent séduire par les présents. Pour moi, jai marché dans l'innocence· rachetez-moi donc, Seigneur, et prenez pitié de moi. Mes pieds se sont arrêtés dans la voie de la justice : je vous bénirai, Seigneur, dans les assemblées des Fidèles. Gloire au Père, et au Fils, et au St -Esprit à présent et toujours, comme dès le commencement, et dans tous les siècles des siècles. Ainsi soit-il.

Le célébrant s'incline au milieu de l'autel, et dit :

Suscipe, sancta Trinitas, hanc obla-

Recevez, ô Trinité sainte, l'oblation que

nous vous présentons en mémoire de la Passion, de la Résurrection et de l'Ascension de Jésus-Christ notre Seigneur; et en l'honneur de la bienheureuse Marie toujours Vierge, de saint Jean-Baptiste, des Apôtres saint Pierre et saint Paul, des Saints dont les Reliques sont ici, et de tous les autres Saints; afin qu'ils y trouvent leur gloire, et nous notre salut; et que ceux dont nous honorons la mémoire sur la terre, daignent intercéder pour nous dans le Ciel; Par le même Jésus-Christ notre Seigneur. Amen.

tionem, quam, offerimus ob memoriam Passionis, Resurrectionis et Ascensionis Jesu Christi Domini nostri; et in honorem beatæ Mariæ semper Virginis, et beati Joannis-Baptistæ, et sanctorum Apostolorum Petri et Pauli, et istorum, et omnium Sanctorum; ut illis proficiat ad honorem, nobis autem ad salutem: et illi pro nobis intercedere dignentur in cœlis, quorum memoriam agimus in terris, Per eumdem.

Le célébrant se tourne vers les assistants, et dit:

Priez, mes frères, que mon sacrifice, qui est aussi le vôtre, soit favorablement reçu de Dieu le Père tout-puissant.

Orate, fratres, ut meum ac vestrum sacrificium acceptabile fiat apud Deum Patrem omnipotentem.

℟. Suscipiat Dominus sacrificium de manibus tuis, ad laudem et gloriam nominis sui, ad utilitatem quoque nostram, totiusque Ecclesiæ suæ sanctæ.

℟. Que le Seigneur reçoive par vos mains ce sacrifice, pour l'honneur et la gloire de son nom, pour notre utilité particulière; et pour le bien de toute son église sainte.

Le célébrant récite la secrète,

Sanctifica, quæsumus, Domine Deus, Pater omnipotens, per Unigeniti tui virtutem, hujus oblationis hostiam; et cooperante Spiritu Sancto, per eam nosmetipsos tibi perfice munus æternum: per Dominum nostrum.

Sanctifiez, Seigneur Dieu, Père tout-puissant, par la vertu de votre Fils unique, cette hostie que nous vous offrons; et avec la coopération du Saint-Esprit, rendez-nous par elle dignes de jouir de vos récompenses dans l'éternité; nous vous en prions, etc.

MÉMOIRE DU DIMANCHE.

Hoc salutari sacrificio, piissime

Faites, Seigneur très-miséricordieux, par les

mérites de ce sacrifice salutaire, que nous exercions si parfaitement les œuvres de miséricorde envers le prochain, que nous trouvions nous-mêmes miséricorde auprès de vous : nous vous en prions, etc.

Deus, fac nos operibus misericordiæ erga proximum sic abundare, ut et ipsi misericordiam consequi mereamur, per Dominum nostrum.

ORAISON POUR LE ROI.

PRIONS.

Sanctifiez, Seigneur, ces dons que nous vous offrons, afin qu'ils deviennent pour nous le corps et le sang de votre Fils unique, et qu'ils servent, par votre grace, jusqu'à la fin à notre roi Charles, pour obtenir le salut de l'ame et du corps, et pour s'acquitter dignement des devoirs de la royauté. Par notre Seigneur.

OREMUS.

Munera quæsumus, Domine, oblata sanctifica, ut et nobis Unigeniti tui corpus et sanguis fiant, et Carolo regi nostro ad obtinendam animæ corporisque salutem, et ad peragendum injunctum officium, te largiente, usquequaque proficiant. Per Dominum nostrum.

PRÉFACE DE LA SAINTE TRINITÉ.

Per omnia sæcula sæculorum.

r. Amen.

Dominus vobiscum.

r. Et cum spiritu tuo.

Sursùm corda.

r. Habemus ad Dominum.

Gratias agamus Domino Deo nostro

r. Dignum et justum est.

Vere dignum et justum est, æquum et salutare, nos tibi semper et ubique gratias agere, Domine sancte, pater omnipotens, æterne Deus; qui cum unigenito Filio tuo et Spiritu Sancto unus es Deus, unus es Dominus; non in unius singularitate per-

Dans tous les siècles des siècles

r. Amen.

Le Seigneur soit avec vous.

r. Et avec votre esprit.

Elevez vos cœurs.

r. Nous les tenons élevés vers le Seigneur.

Rendons graces au Seigneur notre Dieu.

r. Il est juste et raisonnable de le faire.

Il est véritablement juste et raisonnable; il est équitable et salutaire de vous rendre graces en tout temps et en tout lieu, Seigneur très saint, Père tout-puissant, Dieu éternel, qui avec votre fils unique et le Saint-Esprit êtes un seul Dieu et un seul Seigneur, non en ne faisant qu'une seule personne, mais trois personnes en une même substance. Car ce que vous nous avez révélé de votre gloire, nous le croyons aussi, sans aucune différence, de votre Fils et du Saint-Esprit, en sorte que croyant une véritable et éternelle divinité, nous adorons la propriété dans les personnes; l'unité dans l'essence, et l'égalité dans la majesté. C'est vous qui êtes loué des Anges et des Archanges, des Chérubins et des Séraphins, qui ne cessent de chanter d'une voix unanime :

Saint, Saint, Saint est le Seigneur, le Dieu des armées. Votre gloire remplit le ciel et la terre. Hosanna au plus haut des cieux. Béni soit celui qui vient au nom du Seigneur. Hosanna à celui qui habite au plus haut des cieux.

sonæ, sed in unius trinitate substantiæ. Quod enim de tua gloria, revelante te credimus, hoc de Filio tuo, hoc de Spiritu Sancto, sine differentia discretionis sentimus; ut in confessione veræ sempiternæque Deitatis, et in personis proprietas, et in majestate adoretur æqualitas. Quem laudant Angeli atque Archangeli, Cherubim quoque ac Seraphim, qui non cessant clamare quotidie, unâ voce dicentes·

Sanctus, Sanctus, Sanctus Dominus Deus Sabaoth. Pleni sunt cœli et terra gloriâ tuâ. Hosanna in excelsis. Benedictus qui venit in nomine Domini. Hosanna in excelsis.

LE CANON DE LA MESSE.

Te igitur, clementissime Pater, per Jesum Christum Dominum nostrum, supplices rogamus ac petimus, uti accepta habeas, et benedicas hæc dona, hæc munera, hæc sancta sacrificia illibata, in primis quæ tibi offerimus pro Ecclesia tua sancta catholica, quam pacificare, custodire, adunare, et regere digneris toto orbe terrarum, unà cum famulo tuo Papa nostro N. et Antistite nostro N. et Rege nostro N. et omnibus orthodoxis, atque catholicæ et apostolicæ fidei cultoribus.

Nous vous supplions donc, Père très miséricordieux, et nous vous conjurons par notre Seigneur Jésus-Christ votre Fils ; d'agréer et de bénir ces dons, ces offrandes, ces sacrifices purs et sans tache, que nous vous offrons pour votre sainte Église catholique; afin qu'il vous plaise de lui donner la paix, de la conserver, de la maintenir dans l'union, et de la gouverner par toute la terre, et avec elle votre serviteur *N.* notre Pape, notre Évêque *N.* et notre Roi *N.*; enfin tous ceux qui sont orthodoxes ; et qui font profession de la foi catholique et apostolique.

MÉMOIRE DES VIVANTS.

Souvenez-vous, Seigneur, de vos serviteurs et de vos servantes N et N. et de tous ceux qui sont ici présents, dont vous connoissez la foi et la piété; pour qui nous vous offrons ce sacrifice de louange, ou qui vous l'offrent, tant pour eux-mêmes, que pour ceux qui leur appartiennent, pour la rédemption de leurs ames, pour l'espérance de leur salut et de leur conservation, et pour vous rendre leurs hommages comme au Dieu éternel, vivant et véritable.

Memento, Domine, famulorum famularumque tuarum N. et N. et omnium circumstantium, quorum tibi fides cognita est, et nota devotio; pro quibus tibi offerimus, vel qui tibi offerunt hoc sacrificium laudis pro se suisque omnibus, pro redemptione animarum suarum, pro spe salutis et incolumitatis suæ, tibique reddunt vota sua æterno Deo, vivo et vero.

Étant unis de communion avec tous vos Saints, nous honorons la mémoire, premièrement de la glorieuse Vierge Marie, Mère de Dieu Jésus-Christ notre Seigneur, et de vos bien-

Communicantes, et memoriam venerantes, in primis gloriosæ semper Virginis Mariæ, genitricis Dei et Domini nostri Jesu Christi; sed et beatorum Apostolorum ac Martyrum tuorum Petri et Pauli, Andreæ, Jacobi, Joannis, Thomæ, Jacobi, Philippi, Bartholomæi, Matthæi, Simonis et Thadæi, Lini, Cleti, Clementis, Xysti, Cornelii, Cypriani, Laurentii, Chrysogoni, Joannis et Pauli, Cosmæ et Damiani, et omnium Sanctorum tuorum, quorum meritis precibusque concedas, ut in omnibus protectionis tuæ muniamur auxilio; Per eumdem.

Hanc igitur oblationem servitutis nostræ, sed et cunctæ familiæ tuæ, quæsumus, Domine, ut placatus accipias, diesque nostros in tua pace disponas,

heureux Apôtres et Martyrs Pierre, Paul, André, Jacques, Jean, Thomas, Jacques, Philippe, Barthélemi, Matthieu, Simon et Thadée, Lin, Clet, Clément, Xyste, Corneille, Cyprien, Laurent, Chrysogone, Jean et Paul, Côme et Damien, et de tous vos Saints, par les mérites et les prières desquels nous vous supplions de nous accorder en toutes choses le secours de votre protection : C'est ce que nous vous demandons par le même Jésus-Christ notre Seigneur. Ainsi soit-il.

Nous vous prions donc, Seigneur, de recevoir favorablement l'hommage que nous vous rendons par cette oblation, qui est aussi celle de toute votre Église · accordez - nous pendant les jours de cette vie mortelle, la paix qui vient de vous; préservez-nous de la damnation éternelle, et mettez-nous au nombre de vos élus, Par Jésus-Christ, notre Seigneur. Ainsi soit-il.

Nous vous prions, ô Dieu, de bénir cette oblation, de la mettre au nombre de celles que vous approuvez, de l'agréer, d'en faire un sacrifice digne d'être reçu de vous, et par lequel nous vous rendions un culte raisonnable et spirituel; en sorte qu'elle devienne pour nous le corps et le sang de votre Fils bien-aimé Jésus-Christ notre Seigneur, qui, la veille de sa passion, prit du pain dans ses mains saintes et vénérables, et levant les yeux au Ciel vers vous, ô Dieu son Père tout-puissant, vous rendit

atque ab æterna damnatione nos cripi, et in electorum tuorum jubeas grege numerari, Per Christum Dominum nostrum. Amen.

Quam oblationem tu, Deus, in omnibus, quæsumus, benedictam, adscriptam, ratam, rationabilem acceptabilemque facere digneris; ut nobis corpus et sanguis fiat dilectissimi Filii tui Domini nostri Jesu Christi; qui pridie quam pateretur, accepit panem in sanctas ac venerabiles manus suas; et elevatis oculis in cœlum ad te Deum Patrem suum omnipotentem, tibi gratias agens, benedixit, fregit, dedit que discipulis suis, dicens· Accipite et manducate ex hoc omnes, hoc est enim corpus meum.

graces et bénit ce pain, le rompit, et le donna à ses disciples, en disant: Prenez, et mangez-en tous: Car ceci est mon Corps.

Simili modo, postquàm cœnatum est, accipiens et hunc præclarum calicem in sanctas ac venerabiles manus suas; item tibi gratias agens, benedixit, deditque discipulis suis dicens: Accipite, et bibite ex eo omnes: hic est enim calix sanguinis mei, novi et æterni testamenti, (mysterium fidei), qui pro vobis et pro

De même, après qu'il eut soupé, prenant ce précieux calice entre ses mains saintes et vénérables, il vous rendit graces, le bénit et le donna à ses disciples, en disant: Prenez et buvez-en tous: Car ceci est le calice de mon Sang, le Sang de la nouvelle et éternelle alliance, (mystère de foi), qui sera répandu pour vous et pour

O salutaris hostia,
Quæ cœli pandis ostium,
Bella premunt hostilia,
Da robur, fer auxilium.

O victime du salut qui nous ouvrez le ciel, l'ennemi nous livre de rudes combats; fortifiez-nous contre ses attaques.

plusieurs en rémission des péchés.

Toutes les fois que vous ferez ces choses vous les ferez en mémoire de moi.

C'est pour cela, Seigneur, que nous qui sommes vos serviteurs, et avec nous votre peuple saint, faisant mémoire de la Passion de votre Fils Jésus-Christ notre Seigneur, de sa Résurrection en sortant du tombeau, victorieux de l'enfer, et de sa glorieuse Ascension au Ciel, nous offrons à votre incomparable majesté, ce qui est le don même que nous avons reçu de vous, l'Hostie pure, l'Hostie sainte, l'Hostie sans tache, le Pain sacré de la vie qui n'aura point de fin, et le Calice du salut éternel.

Daignez, Seigneur, regarder d'un œil favorable l'oblation que

multis effundetur, in remissionem peccatorum.

Hæc quotiescunque feceritis, in mei memoriam facietis.

Undè et memores, Domine, nos servi tui, sed et plebs tua sancta, ejusdem Christi Filii tui Domini nostri, tam beatæ Passionis, nec non et ab inferis Resurrectionis, sed et in cœlos gloriosæ Ascensionis, offerimus præclaræ majestati tuæ de tuis donis ac datis, Hostiam puram, Hostiam sanctam, Hostiam immaculatam, Panem sanctum vitæ æternæ, et Calicem salutis perpetuæ.

Supra quæ propitio ac sereno vultu respicere digneris,

et accepta habere, sicuti accepta habere dignatus es munera pueri tui justi Abel, et sacrificium Patriarchæ nostri Abrahæ, et quod tibi obtulit summus Sacerdos tuus Melchisedech, sanctum Sacrificium, immaculatam Hostiam.

Supplices te rogamus, omnipotens Deus, jube hæc perferri, per manus sancti Angeli tui in sublime altare tuum; in conspectu divinæ majestatis tuæ, ut quotquot ex hac altaris participatione sacrosanctum Filii tui corpus et sanguinem sumpserimus, omni benedictione cœlesti et gratiâ repleamur; Per eumdem Christum Dominum nostrum. Amen.

nous vous faisons de ce saint Sacrifice, de cette Hostie sans tache, daignez l'agréer, comme il vous a plu agréer les présents du juste Abel votre serviteur, le sacrifice de notre Patriarche Abraham, et celui de Melchisedech votre Grand-Prêtre.

Nous vous supplions, ô Dieu tout-puissant, de commander que ces dons soient portés, par les mains de votre saint Ange sur votre autel sublime, en présence de votre divine Majesté, afin que tout ce que nous sommes ici, qui participant à cet autel, aurons reçu le Corps et le Sang de votre Fils, nous soyons remplis de toutes les bénédictions, et de toutes les graces du Ciel; Par le même Jésus-Christ notre Seigneur. Ainsi soit-il.

MÉMOIRE DES MORTS.

Souvenez-vous aussi, Seigneur, de vos serviteurs et de vos servantes N. et N. qui, marqués au sceau de la foi, ont fini leur vie mortelle avant nous pour s'endormir du sommeil de paix.

Nous vous supplions, Seigneur, de leur accorder par votre miséricorde, à eux et à tous ceux qui reposent en Jésus-Christ, le lieu du rafraîchissement, de la lumière et de la paix : Par le même Jésus-Christ, notre Seigneur. Ainsi soit-il.

Pour nous pécheurs, qui sommes vos serviteurs, et qui espérons en votre grande miséricorde, daignez nous donner part au céleste héritage avec vos Saints Apôtres et martyrs, avec Jean, Étienne, Matthias,

Memento etiam, Domine, famulorum, famularumque tuarum N. et N. qui nos præcesserunt cum signo fidei, et dormiunt in somno pacis.

Ipsis, Domine, et omnibus in Christo quiescentibus, locum refrigerii, lucis et pacis, ut indulgeas deprecamur; Per eumdem Christum Dominum nostrum. Amen.

Nobis quoque peccatoribus, famulis tuis, de multitudine miserationum tuarum sperantibus, partem aliquam et societatem donare digneris cum tuis sanctis

Apostolis et marty-
ribus, cum Joanne,
Stephano, Matthiâ,
Barnabâ, Ignatio,
Alexandro, Marcel-
lino, Petro, Felici-
tate, Perpetuâ, A-
gathâ, Luciâ, Agne-
te, Cæciliâ, Anas-
tasiâ, et omnibus
Sanctis tuis; intra
quorum nos con-
sortium, non æsti-
mator meriti, sed
veniæ, quæsumus,
largitor admitte;
Per Christum Do-
minum nostrum,
per quem hæc om-
nia, Domine, sem-
per bona creas,
sanctificas, vivifi-
cas, benedicis et
præstas nobis. Per
ipsum, et cum ipso,
et in ipso est tibi Deo
Patri omnipotenti,
in unitate Spiritûs
Sancti, omnis ho-
nor et gloria; Per
omnia sæcula sæ-
culorum: Amen.

Barnabé, Ignace, Alexan-
dre, Marcellin, Pierre,
Félicité, Perpétue, A-
gathe, Luce, Agnès,
Cécile, Anastasie, et
avec tous vos Saints;
daignez nous admettre
en leur sainte société, non
en consultant nos méri-
tes, mais en usant d'in-
dulgence à notre égard;
Par Jésus-Christ notre
Seigneur, par qui vous
sanctifiez, vous vivifiez,
vous bénissez, et vous
nous donnez tous ces
biens. Que par lui, avec
lui, et en lui, tout hon-
neur et toute gloire vous
soient rendus, ô Dieu
Père tout-puissant, en
l'unité du Saint-Esprit;
Dans tous les siècles des
siècles. Ainsi soit-il.

PRIONS.

Avertis, par le commandement salutaire de Jésus-Christ, et conformément à l'instruction sainte qu'il nous a laissée, nous osons dire :

Notre père qui êtes dans les cieux; Que votre nom soit sanctifié : Que votre règne arrive : Que votre volonté soit faite sur la terre comme dans le Ciel : Donnez-nous aujourd'hui notre pain de chaque jour, et pardonnez-nous nos offenses comme nous pardonnons à ceux qui nous ont offensés : Et ne nous abandonnez pas à la tentation; Mais délivrez-nous du mal.
Ainsi soit-il.

Délivrez - nous, s'il vous plaît, Seigneur, de tous les maux passés, présents et à venir; et

OREMUS.

Præceptis salutaribus moniti, et divinâ institutione formati, audemus dicere :

Pater noster, qui es in cœlis : Sanctificetur nomen tuum, Adveniat regnum tuum · Fiat voluntas tua, sicut in cœlo et in terra; Panem nostrum quotidianum da nobis hodie : Et dimitte nobis debita nostra, sicut et nos dimittimus debitoribus nostris : Et ne nos inducas in tentationem; Sed libera nos à malo. Amen.

Libera nos, quæsumus, Domine, ab omnibus malis præteritis, præsentibus et futuris : et intercedente beatâ et gloriosâ semper virgine Dei genitrice Mariâ, cum beatis Apostolis tuis Petro et Paulo, atque Andreâ, et omnibus Sanctis, da propitius pacem in diebus nostris; ut ope misericordiæ tuæ adjuti et à peccato simus semper liberi, et ab omni perturbatione securi; Per eumdem Dominum nostrum Jesum Christum, etc. Per omnia sæcula sæculorum.

℟. Amen

par l'intercession de la bienheureuse Marie mère de Dieu, toujours Vierge, et de vos bienheureux Apôtres Pierre, Paul, André, et de tous vos Saints, daignez nous faire jouir de la paix pendant le cours de notre vie mortelle; afin qu'étant assistés du secours de votre miséricorde, nous ne soyons jamais assujettis au péché, ni agités par aucun trouble : Nous vous en prions par le même Jésus-Christ notre Seigneur, qui, étant Dieu, vit et règne, etc. Dans tous les siècles des siècles. ℟. Ainsi soit-il.

Avant le *Pax Domini*, l'Évêque faisant la fonction de diacre, se tourne vers le chœur, et la mitre en tête, et la crosse de l'officiant à la main gauche, il annonce la bénédiction, en chantant ces paroles : *Humiliate vos ad Benedictionem*, c'est-à-dire, Humiliez-vous pour recevoir la Bénédiction, et à chaque Bénédiction, le chœur répond *Amen*.

L'Archevêque officiant tourné vers le chœur, tenant sa crosse de la main gauche, fait sur le Roi et sur le Peuple les Bénédictions suivantes:

PRIONS.

Que le Seigneur vous bénisse, et qu'il vous garde : et que, comme il a voulu vous établir Roi sur votre peuple, il vous comble de prospérités dans le siècle présent, et vous rende participant du bonheur éternel. Ainsi soit-il.

Qu'il vous fasse la grace de gouverner pendant une longue suite d'années, selon l'ordre de sa providence, et par votre sage conduite, le clergé et le peuple qu'il a eu la bonté de réunir avec vous, union que vous avez confirmée par vos promesses. Ainsi soit-il.

Afin qu'en accomplissant la loi de Dieu, étant

OREMUS.

Benedicat tibi Dominus, custodiensque te, sicut te voluit super populum suum constituere Regem, ità et in præsenti sæculo felicem, et æternæ felicitatis tribuat esse consortem. Amen.

Clerum ac populum, quem suâ voluit operatione, et tuâ sanctione congregari, suâ dispensatione, et tuâ administratione, per diuturna tempora faciat feliciter gubernari. Amen.

Quatenùs divinis monitis parentes,

adversitatibus omnibus carentes, bonis omnibus exuberantes ; tuo ministerio fideli amore obsequentes, et in præsenti sæculo pacis tranquillitate fruantur, et tecum æternorum civium consortio potiri mereantur. Amen.

Quod ipse præstare dignetur, cujus regnum et imperium sine fine permanet, in sæcula sæculorum. Amen. Et benedictio Dei omnipotentis, Patris, et Filii, et Spiritûs Sancti, descendat super vos, et maneat semper. Amen.

Pax Domini sit semper vobiscum, ℞ Et cum spiritu tuo.

Hæc commixtio et consecratio Cor-

à l'abri de toute adversité, comblés de toutes sortes de biens, et vous servant avec amour et fidélité, ils jouissent de la paix dans le siècle présent, et qu'ils méritent d'être réunis avec vous dans la société des citoyens du ciel. Ainsi soit-il

Que celui dont le règne et l'empire s'étendent dans tous les siècles des siècles, daigne vous accorder cette grace. Ainsi soit-il.

Et que la bénédiction de Dieu le Père tout-puissant, du Fils et du Saint-Esprit descende sur vous tous, et qu'elle y demeure à jamais. Ainsi soit-il.

Que la paix du Seigneur soit toujours avec vous, ℞. et avec votre esprit.

Que ce mélange, et cette consécration du

corps et du sang de notre Seigneur Jésus-Christ, que nous allons recevoir, nous procure la vie éternelle.

Ainsi soit-il.

Agneau de Dieu, qui effacez les péchés du monde, ayez pitié de nous.

Agneau de Dieu, qui effacez les péchés du monde, ayez pitié de nous.

Agneau de Dieu, qui effacez les péchés du monde, donnez-nous la paix.

☩ Seigneur Jésus-Christ, qui avez dit à vos Apôtres : Je vous laisse ma paix, je vous donne ma paix, n'ayez pas d'égard à mes péchés, mais à la foi de votre Église ; et donnez-lui la paix et l'union dont vous voulez qu'elle jouisse ; vous qui étant Dieu vivez et régnez dans tous les siècles des siècles. Ainsi soit-il.

poris, et Sanguinis Domini nostri Jesu Christi fiat accipientibus nobis in vitam æternam.

Amen.

Agnus Dei, qui tollis peccata mundi, miserere nobis.

Agnus Dei, qui tollis peccata mundi, miserere nobis.

Agnus Dei, qui tollis peccata mundi, dona nobis pacem

Domine Jesu Christe, qui dixisti Apostolis tuis : Pacem relinquo vobis, pacem meam do vobis, ne respicias peccata mea, sed fidem Ecclesiæ tuæ ; eamque secundùm voluntatem tuam pacificare et coadunare, digneris, qui vivis et regnas Deus, etc.

CÉRÉMONIE DE LA PAIX.

M. le Grand-Aumônier porte la paix au Roi!

Domine Jesu Christe, Fili Dei vivi, qui ex voluntate Patris, cooperante Spiritu Sancto, per mortem tuam mundum vivificasti; libera me per hoc sacrosanctum corpus et sanguinem tuum ab omnibus iniquitatibus meis et universis malis; et fac me tuis semper inhærere mandatis, et à te numquam separari permittas; qui cum eodem Deo Patre et Spiritu Sancto vivis et regnas Deus, etc.

Perceptio corporis tui, Domine Je-

'Seigneur Jésus-Christ Fils du Dieu vivant, qui par la volonté du Père et la coopération du Saint-Esprit, avez donné la vie aux hommes, en mourant pour eux; délivrez-moi par votre saint corps et votre précieux sang ici présents, de tous mes péchés et de tous les autres maux: faites, s'il vous plaît, que je m'attache toujours inviolablement à votre loi, et ne permettez pas que je me sépare jamais de vous; qui étant Dieu vivez et régnez avec Dieu le Père et le Saint-Esprit, etc.

Jésus-Christ mon Seigneur, que la participation de votre corps que j'ose recevoir, tout indigne que j'en suis, ne tourne point à mon jugement et à ma condamnation ; mais que par votre bonté, elle serve à la défense de mon corps et de mon ame, et qu'elle soit le remède de tous mes maux : accordez-moi cette grace, Seigneur, qui étant Dieu vivez et régnez avec Dieu le Père, en l'unité du Saint-Esprit, dans tous les siècles des siècles. Ainsi soit-il.

Je prendrai le pain céleste, et j'invoquerai le nom du Seigneur

su Christe, quod ego indignus sumere præsumo, non mihi proveniat in judicium et condemnationem ; sed pro tua pietate prosit mihi ad tutamentum mentis et corporis, et ad medelam percipiendam ; qui vivis et regnas cum Deo Patre, in unitate Spiritùs Sancti Deus, per omnia sæcula sæculorum. Amen.

Panem cœlestem accipiam, et nomen Domini invocabo.

Le célébrant tenant l'hostie entre ses mains, dit trois fois :

Seigneur, je ne suis pas digne de vous recevoir dans ma maison : mais dites seulement une parole et mon ame sera guérie.

Domine, non sum dignus ut intres sub tectum meum : sed tantùm dic verbo, et sanabitur anima mea.

* Corpus Domini nostri Jesu Christi custodiat animam meam in vitam æternam. Amen.

Quid retribuam Domino pro omnibus quæ retribuit mihi? Calicem salutáris accipiam, et nomen Domini invocabo. Laudans invocabo Dominum, et ab inimicis meis salvus ero.

† Sanguis Domini nostri Jesu Christi custodiat animam meam in vitam æternam. Amen.

Quod ore sumpsimus, Domine, purâ mente capiamus; et de munere temporali fiat nobis remedium sempiterternum.

Corpus tuum, Domine, quod sumpsi, et Sanguis quem potavi, ad-

Que le corps de notre Seigneur Jésus - Christ garde mon ame pour la vie éternelle. Ainsi soit-il.

Que rendrai - je au Seigneur pour toutes les graces qu'il m'a faites? Je prendrai le calice du salut, et j'invoquerai le nom du Seigneur, en chantant ses louanges, et je serai délivré de mes ennemis.

Que le sang de notre Seigneur Jésus - Christ garde mon ame pour la vie éternelle. Ainsi soit-il.

† Faites, Seigneur, que nous conservions dans un cœur pur le Sacrement que notre bouche a reçu; et que le don qui nous est fait dans le temps, nous soit un remède pour l'éternité.

† Que votre corps que j'ai reçu, Seigneur, et que votre sang que j'ai bu, s'attache à mes en-

trailles ; faites qu'après avoir été nourri par des Sacrements si purs et si saints, il ne demeure en moi aucune souillure du péché : accordez-moi cette grace, Seigneur, qui vivez et régnez, etc.

hæreat visceribus meis , et præsta ut in me non remaneat scelerum macula , quem pura et sancta refecerunt Sacramenta ; qui vivis et regnas, etc.

COMMUNION.

Que la grace de notre Seigneur Jésus-Christ, l'amour de Dieu, et les dons du Saint-Esprit soient toujours avec vous. Ainsi soit-il.

Gratia Domini nostri Jesu Christi, et caritas Dei , et communicatio Sancti Spiritûs sit cum omnibus nobis.

POST-COMMUNION.

Père saint, qui nous avez nourris du corps et du sang de votre Verbe incarné, accordez à nos humbles prières de participer à votre esprit par la charité, et d'en être remplis selon toute la plénitude de votre divinité ; nous vous, etc.

Refecti corpore et sanguine Verbi tui incarnati , Pater sancte, te supplices exoramus, ut per caritatem tuo spiritui communicantes, in omnem tuî plenitudinem impleamur : per eumdem Dominum nostrum, etc.

MÉMOIRE DU DIMANCHE.

Indue nos, Domine, viscera misericordiæ, ut quos tuo sanguine misericorditer redemisti, et continuò reficis, ad vitam perducas sempiternam : qui vivis, et regnas, etc.

Donnez - nous, Seigneur, les sentiments d'une tendre compassion, afin de conduire à la vie éternelle ceux que vous avez rachetés par votre sang avec tant d'amour, et que vous comblez toujours de nouveaux bienfaits : nous vous, etc.

ORAISON POUR LE ROI.

OREMUS.

Hæc, Domine, oratio salutaris famulum tuum Carolum Regem ab omnibus tueatur adversis, quatenus et ecclesiasticæ pacis obtineat tranquillitatém, et post illius temporis decursum ad æternam perveniat hæredita-

PRIONS.

Que cette oraison salutaire préserve votre serviteur Charles, notre Roi, de toute adversité, afin qu'il puisse jouir de la tranquillité de la paix dans votre Église, et qu'il parvienne, après le cours de cette vie, à l'héritage éternel. Par notre Seigneur.

tem. Per Dominum nostrum.

✠ L'Évêque-Diacre, en mitre et la crosse à la main, chante l'*Ite*, *Missa est*.

Recevez - favorablement, ô Trinité sainte, l'hommage et l'aveu de ma parfaite dépendance : daignez agréer le sacrifice que j'ai offert à votre divine Majesté, tout indigne que j'en suis : faites par votre bonté qu'il m'obtienne miséricorde, et à tous ceux pour qui je l'ai offert ; par Jésus-Christ notre Seigneur. Amen.

Placeat tibi, sancta Trinitas, obsequium servitutis meæ : et præsta ut Sacrificium quod oculis tuæ Majestatis indignus obtuli, tibi sit acceptabile ; mihique et omnibus pro quibus illud obtuli, sit, te miserante, propitiabile ; Per Christum. Amen.

L'Archevêque donne la Bénédiction épiscopale.

℣. Sit nomen Domini benedictum.
℟. Ex hoc nunc et usque in sæculum.
℣. Adjutorium nostrum in nomine Domini,
℟. Qui fecit cœlum et terram.
Benedicat vos omnipotens Deus, Pater et Filius et Spiritus Sanctus.

Le chœur répond *Amen.*

Commencement du saint Évangile selon saint Jean.

In principio erat Verbum, et Verbum erat apud Deum, et Deus erat Verbum. Hoc erat in principio apud Deum. Omnia per ipsum facta sunt; et sine ipso factum est nihil quod factum est. In ipso vita erat, et vita erat lux hominum : et lux in tenebris lucet, et tenebræ eam non comprehenderunt Fuit homo missus à Deo, cui nomen erat Joannes. Hic venit in testimonium, ut testimonium perhiberet de lumine; ut omnes crederent per illum Non erat ille lux, sed ut testimonium perhiberet de lumine Erat

Au commencement étoit le Verbe, et le Verbe étoit en Dieu, et le Verbe étoit Dieu Il étoit dès le commencement en Dieu. Toutes choses ont été faites par lui : et rien de ce qui a été fait, n'a été fait sans lui. Dans lui étoit la vie, et la vie étoit la lumière des hommes : et la lumière luit dans les ténèbres, et les ténèbres ne l'ont point comprise. Il y eut un homme envoyé de Dieu, qui s'appeloit Jean. Il vint pour rendre témoignage à la lumière, afin que tous crussent par lui. Il n'étoit pas la lumière; mais il vint pour rendre témoignage à celui qui est la lumière. C'étoit la lumière qui éclaire tout homme venant en ce monde. Il étoit dans le monde, et le monde a été fait par lui; et le monde ne l'a point connu. Il est venu chez soi, et les siens ne l'ont point reçu. Mais il a donné à tous ceux qui l'ont reçu le pouvoir d'être faits enfants de Dieu; à ceux qui croient en son nom, qui ne sont point nés du sang, ni des desirs de la chair, ni de la volonté de l'homme, mais de Dieu même. ET LE VERBE S'EST FAIT CHAIR, et il a habité parmi nous, plein de grace et de vérité; et nous avons vu sa gloire, qui est la gloire du Fils unique du Père.

℟. Rendons graces à Dieu.

lux vera quæ illuminat omnem hominem venientem in hunc mundum. In mundo erat, et mundus per ipsum factus est, et mundus eum non cognovit. In propria venit, et sui eum non receperunt. Quotquot autem receperunt eum, dedit eis potestatem filios Dei fieri, his qui credunt in nomine ejus; qui non ex sanguinibus, neque ex voluntate carnis, neque ex voluntate viri, sed ex Deo nati sunt. ET VERBUM CARO FACTUM EST, et habitavit in nobis (et vidimus gloriam ejus, gloriam quasi Unigeniti à Patre,) plenum gratiæ et veritatis

℟ Deo gratias

COMMUNION DU ROI.

La Messe étant finie, le Roi se rend à l'autel où il reçoit la communion sous les deux espèces.

Exaudiat te Dominus in die tribulationis; * protegat te nomen Dei Jacob.

Que le Seigneur vous exauce, au jour de la tribulation; que le nom du Dieu de Jacob vous protège.

Mittat tibi auxilium de Sancto, * et de Sion tueatur te

Qu'il vous envoie son secours du sein de son sanctuaire; qu'il veille sur vous du haut de Sion.

Memor sit omnis sacrificii tui, * et holocaustum tuum pingue fiat.

Qu'il se souvienne de vos sacrifices, et que vos holocaustes soient agréables à ses yeux.

Tribuat tibi secundum cor tuum, * et omne consilium tuum confirmet.

Qu'il remplisse le vœu de votre cœur, et qu'il assure le succès de vos desseins.

Lætabimur in salutari tuo, * et in nomine Dei nostri magnificabimur.

Votre salut sera notre joie, et nous nous glorifierons dans le nom de notre Dieu.

Impleat Dominus omnes petitiones tuas; * nunc cogno-

Que le Seigneur accomplisse toutes vos demandes, et nous verrons que c'est le Seigneur qui sauve son Christ.

Il l'exaucera du haut de sa demeure sainte: le salut est dans la main puissante du Seigneur.

Nos ennemis ont mis leur confiance, les uns dans leurs charriots de guerre, les autres dans leurs chevaux : pour nous, nous n'invoquerons que le nom de notre Dieu.

Ils ont été abaissés et ils sont tombés, et nous nous sommes relevés, et nous sommes restés de bout.

Seigneur, sauvez le Roi, et exaucez-nous le jour où nous vous implorons

Gloire au Père, etc.

PRIONS.

Faites, s'il vous plaît, Dieu tout-puissant, que votre serviteur Charles, notre Roi, qui, par votre miséricorde, a reçu la conduite de ce royaume,

---

vi quoniam salvum fecit DominusChristum suum.

Exaudiet illum de cœlo sancto suo; in potestatibus salus dextræ ejus.

Hi in curribus, et hi in equis; nos autem in nomine Domini Dei nostri invocabimus.

Ipsi obligati sunt, et ceciderunt; nos autem surreximus, et erecti sumus.

Domine, salvum fac Regem; et exaudi in die qua invocaverimus te.

Gloria Patri, etc.

ORemus.

Quæsumus, omnipotens Deus, ut famulus tuus Rex noster Carolus, qui tuâ miseratione suscepit regni gubernacula , virtutum etiam omnium percipiat incrementa, quibus decenter ornatus, et vitiorum monstra devitare, hostes superare, et ad te qui via, veritas, et vita es , gratiosus valeat pervenire. Per Dominum nostrum.

reçoive aussi l'accroissement de toutes les vertus; afin que, revêtu de leur force, et saintement orné de leur éclat, il ait les vices en horreur, comme autant de monstres; qu'il soit victorieux de ses ennemis, et qu'agréable à vos yeux par ses bonnes œuvres; il puisse enfin arriver jusqu'à vous, qui êtes la voie, la vérité, et la vie; qui, étant Dieu.

Après la communion, le Roi reprend la couronne de Charlemagne, et fait son action de graces. Pendant ce temps, M. l'Archevêque de Reims fait la purification du calice: il quitte la chasuble pour prendre la chappe. M. le Dauphin ôte au Roi la couronne de Charlemagne, et M. l'Archevêque lui en met une plus légère, dans ce moment le chœur chante l'*Exaudiat*, page 151, et le Roi ayant fini son action de grace, l'on se met en marche pour le palais, M. l'Archevêque tenant Sa Majesté par le bras droit.

FESTIN ROYAL.

M. l'Archevêque de Reims dit au festin royal le Benedicite et les Graces

CÉRÉMONIE

DE

L'ORDRE DU SAINT-ESPRIT.

La cérémonie de l'ordre du Saint-Esprit a lieu le lendemain ou surlendemain du Sacre, à la suite des Vêpres.

M. l'Archevêque de Reims, placé du côté de l'épître, en face du trône du Roi, est assisté par MM. les chapelains et clercs de la chapelle de Sa Majesté.

Il commence les Vêpres lorsqu'il y est invité par le maître des cérémonies de l'ordre, qui prend auparavant les ordres du Roi.

Les Vêpres sont chantées par les musiciens de la chapelle de Sa Majesté.

Après les Vêpres, le Roi, placé sur le trône élevé dans le sanctuaire, signe, à la demande de M. l'Archevêque de Reims, le serment de l'ordre, prêté à son Sacre

Le Roi reçoit les hommages des commandeurs et chevaliers de l'ordre.

L'Archevêque dit le Veni, Creator, p. 156; suit la réception de nouveaux chevaliers, après laquelle le Roi assiste aux Complies.

A VÊPRES.

Ant. Dexterâ Dei exaltatus Jesus, et promissione Spiritûs Sancti acceptâ à Patre, effudit hunc quem vos videtis, et auditis. Alleluia.

Ant. Jésus, ayant été élevé par la puissance de Dieu, et ayant reçu de son Père le pouvoir qui lui avoit été promis, d'envoyer le St-Esprit, a fait cette effusion de l'Esprit Saint, que vous voyez, et que vous entendez.

Ant. Sanctificati estis in nomine Domini nostri Jesu Christi et in Spiritu Dei nostri.

Ant. Vous avez été sanctifiés au nom de Notre Seigneur Jésus-Christ, et dans l'Esprit de notre Dieu.

Ant. Signati estis Spiritu promissionis Sancto, qui est pignus hæreditatis nostræ, in redemptionem acquisitionis.

Ant. Vous avez été marqués du sceau de l'Esprit Saint, qui avoit été promis; lequel est le gage de notre héritage, et de la délivrance qui nous a été acquise.

Ant. Dieu nous a oints de son onction, et nous a donné pour arrhes le Saint-Esprit dans nos cœurs.

Ant. L'Esprit Saint rend témoignage à notre esprit, que nous sommes enfants de Dieu.

Ant. Unxit nos Deus, et dedit pignus Spiritûs in cordibus nostris.

Ant. Spiritus testimonium reddit spiritui nostro, quod sumus filii Dei.

CAPITULE. Act. I.

Dieu nous a sauvés par sa miséricorde, en nous faisant renaître par le baptême, et nous renouvelant par le Saint-Esprit qu'il a répandu sur nous avec abondance par Jésus-Christ notre Sauveur, afin qu'étant justifiés par sa grace, nous devinssions héritiers de la vie éternelle, selon l'espérance que nous en avons.

Secundùm suam misericordiam salvos nos fecit Deus per lavacrum Spiritûs Sancti, quem effudit in nos abunde, per Jesum Christum salvatorem nostrum; ut justificati gratiâ ipsius, hæredes simus secundùm spem vitæ æternæ.

HYMNE.

VENEZ, divin créateur, Esprit Saint, visi-

VENI, Creator Spiritus;

Mentes tuorum visita,
Imple supernâ gratiâ,
Quæ tu creasti pectora.

Qui Paracletus diceris,
Donum Dei altissimi,
Fons vivus, Ignis, Caritas,
Et spiritalis Unctio.

Tu septiformis munere,

Dextræ Dei tu digitus,
Tu rite promissum Patris,
Sermone ditans guttura

Accende lumen sensibus,
Infunde amorem cordibus,
Infirma nostri corporis
Virtute firmans perpeti

ter les ames de ceux qui sont à vous, et remplissez de votre grace céléste les cœurs que vous avez créés.

C'est vous qui, dans les Écritures, êtes appelé le Consolateur, le Don de Dieu très-haut, la Source d'eau vive, le Feu sacré, la Charité même, et l'Onction spirituelle.

C'est vous qui nous sanctifiez par les sept dons de votre grace ; vous êtes le doigt de la main de Dieu ; le Père éternel vous avoit promis à l'Église ; en descendant sur les Apôtres, vous avez rendu leurs langues éloquentes.

Éclairez nos esprits de vos lumières, embrasez nos cœurs de votre amour ; fortifiez notre chair foible par une vertu que rien ne puisse jamais ébranler.

Repoussez loin de nous notre ennemi; faites-nous goûter votre paix, et soyez vous-même notre guide, afin que sous votre conduite nous évitions tout ce qui peut nous nuire.

Faites que nous connoissions par vous le Père et le Fils, et que nous ne cessions jamais de vous adorer comme l'esprit de l'un et de l'autre.

Gloire au Père; gloire au Fils qui est ressuscité d'entre les morts; gloire au Saint-Esprit dans les siècles des siècles.

Ainsi soit-il.

℣. Ils furent tous remplis du Saint-Esprit.

℟. Et ils commencèrent à parler. Louez D.

Hostem repellas longiùs,

Pacemque dones protinùs :

Ductore sic te præ-vio,

Vitemus omne noxium.

Per te sciamus da Patrem,

Noscamus atque Fi-lium :

Te utriusque Spiri-tum

Credamus omni tempore.

Gloria patri Do-mino,

Natoque qui a mor-tuis

Surrexit, ac Para-cleto,

In sæculorum sæ-cula. Amen.

℣. Repleti sunt omnes Spiritu Sanc-to.

℟. Et cœperunt loqui. Alleluia.

Magnificat, page 16, veille du Sacre.

Ant. Non vos relinquam orphanos; vado et venio ad vos, et gaudebit cor vestrum,

Ant. Je ne vous laisserai point orphelins ; je m'en vais et je reviens à vous, et votre cœur sera dans la joie.

OREMUS

PRIONS.

Deus, qui corda fidelium Sancti Spiritûs illustratione docuisti, da nobis in eodem Spiritu recta sapere, et de ejus semper consolatione gaudere. Per Dominum nostrum.

O Dieu , qui avez instruit les cœurs des fidèles par la lumière du Saint-Esprit, donnez-nous par ce même Esprit la connoissance et l'amour de la justice, et faites qu'il nous remplisse toujours de ses divines consolations. Par

A COMPLIES.

℣. Faites - nous re-tourner à vous, ô Dieu qui êtes notre salut ; .

℟. Et détournez votre colère de dessus nous

℣. Converte nos Deus salutaris nos-ter ;

℟. Et averte iram tuam a nobis.

PSAUME 4.

Exaucez-moi, lors-que je vous invoque, ô Dieu de ma justice : vous m'avez mis au large, lors-que j'étois accablé de maux

Ayez pitié de moi, et exaucez ma prière.

Enfants des hommes, jusqu'à quand aurez-vous le cœur pesant ? pourquoi aimez-vous la vanité et cherchez-vous le mensonge ?

Sachez que le Sei-gneur prodiguera ses merveilles en faveur de son Saint. le Seigneur m'exaucera, lorsque je lui adresserai mes cris.

Cùm invocarem exaudivit me Deus justitiæ meæ : * in tribulatione dilatas-ti mihi.

Miserere mei, * et exaudi orationem meam.

Fihi hominum, usquequò gravi cor-de ? * ut quid diligi-tis vanitatem, * et quæritis menda-cium ?

Et scitote quo-niam mirificavit Do-minus Sanctum suum ; * Dominus exaudiet me cùm clamavero ad eum.

Irascimini, et nolite peccare : quæ dicitis in cordibus vestris, in cubilibus vestris compungimini.

Mettez vous en colère, mais ne péchez pas ; pleurez dans le repos de vos lits les mauvais desseins que vous avez conçus dans vos cœurs.

Sacrificate sacrificium justitiæ, et sperate in Domino ;* multi dicunt: Quis ostendit nobis bona ?

Offrez au Seigneur un sacrifice de justice, et espérez en lui ; plusieurs disent: Qui nous montrera quelque ressource?

Signatum est super nos lumen vultûs tui Domine : * dedisti lætitiam in corde meo.

Seigneur, vous avez fait éclater sur nous la lumière de votre visage . vous avez fait naître la joie dans mon cœur.

A fructu frumenti vini et olei sui : * multiplicati sunt.

Ils se sont enrichis par l'abondance de leur froment, de leur vin et de leur huile.

In pace in idipsum * dormiam et requiescam ;

Pour moi, je me coucherai en paix, et je jouirai d'un parfait repos,

Quoniam tu, Domine, singulariter in spe * constituisti me.

Parce que c'est vous, Seigneur, qui m'établissez dans une solide espérance.

PSAUME 90.

Celui qui demeure dans l'asile du Très-Haut, et qui repose sous l'ombre du Tout-Puissant,

Dira au Seigneur : Vous êtes mon espérance et mon appui· vous êtes mon Dieu, c'est en vous que je mets ma confiance ;

Car le Seigneur vous délivrera des filets du chasseur, et de la langue des méchants.

Il vous couvrira de ses ailes, et vous serez en sûreté sous ses plumes.

Sa vérité vous servira de boucher : vous ne craindrez ni les terreurs de la nuit,

Ni la flèche qui vole durant le jour, ni les embûches que l'on prépare dans les ténèbres, ni les attaques du démon du midi

Qui habitat in adjutorio Altissimi, * in protectione Dei cœli commorabitur,

Dicet Domino : Susceptor meus es tu, et refugium meum, * Deus meus sperabo in eum ;

Quoniam ipse liberavit me de laqueo venantium, * et a verbo aspero.

Scapulis suis obumbrabit tibi, * et sub pennis ejus sperabis

Scuto circumdabit te veritas ejus: * non timebit a timore nocturno.

A sagittà volante in die, a negotio perambulante in tenebris, * ab incursu et dæmonio meridiano.

Cadent a latere tuo mille, et decem millia a dextris tuis; ad te autem non appropinquabit.

Verumtamen oculis tuis considerabis, * et retributionem peccatorum videbis.

Quoniam tu es, Domine, spes mea, * Altissimum posuisti refugium tuum;

Non accedet ad te malum, * et flagellum non appropinquabit tabernaculo tuo.

Quoniam Angelis suis mandavit de te, * ut custodiant te in omnibus viis tuis.

In manibus portabunt te, * ne forte offendas ad lapidem tuum

Il en tombera mille à votre gauche, et dix mille à votre droite; mais le mal n'approchera pas de vous.

Vous contemplerez seulement de vos yeux le malheur des autres, et vous serez spectateur de la punition des méchants.

Parce que vous avez dit: Seigneur, vous êtes mon espérance, et que vous avez mis votre confiance dans la protection du Très-Haut;

Il ne vous arrivera aucun accident fâcheux, et les fléaux n'approcheront point de votre maison.

Car a il commandé à ses Anges de vous garder en toutes vos voies.

Ils vous porteront sur leurs mains, de peur que vous ne heurtiez votre pied contre la pierre.

Vous marcherez sur l'aspic et le basilic: vous foulerez aux pieds le lion et le dragon.

Super aspidem et basilicum ambulabis, * et conculcabis leonem et draconem.

Je le délivrerai, dit le Seigneur, parce qu'il a mis en moi sa confiance: je serai son protecteur, parce qu'il a connu mon nom.

Quoniam in me speravit, liberabo eum, * protegam eum, quoniam cognovit nomen meum.

Il m'invoquera, et je l'exaucerai

Clamabit ad me, * et ego exaudiam eum.

Je serai avec lui dans ses jours d'affliction; je l'en tirerai, et je l'en ferai sortir avec gloire.

Cum ipso sum in tribulatione. * eripiam eum, et glorificabo eum

Je le comblerai de jours et d'années, et je lui ferai part du salut que je donne à mes saints.

Longitudine dierum replebo eum, * et ostendam illi salutare meum

PSAUME 133.

Bénissez le Seigneur, vous tous qui êtes ses serviteurs.

Ecce nunc benedicite Dominum, * omnes servi Domini.

Vous qui habitez dans le temple du Seigneur,

Qui statis in domo Domini, * in atriis

domûs Dei nostri :

In noctibus extollite manus vestras in Sancta, * et benedicite Dominum.

Benedicat te Dominus ex Sion, * qui fecit cœlum et terram.

Ant. Miserere meî, Domine, et exaudi orationem meam.

et dans les portiques de la maison de notre Dieu :

Élevez vos mains vers le Sanctuaire durant la nuit même, et bénissez le Seigneur.

Que le Seigneur vous bénisse de Sion, le Seigeur qui a fait le ciel et la terre.

Ant. Ayez pitié de nous, Seigneur, et exaucez ma prière.

HYMNE PENDANT L'ANNÉE.

Deus Creator omnium,
Grates peracto jam die,
Et noctis exortu, preces
Proni tibi persolvimus.
Quod longa peccavit dies
Nocturnus expiet dolor,
Nec per soporem nos sinas

O Dieu Créateur de l'univers, nous vous rendons, à la fin de ce jour, graces de vos bienfaits; prosternés devant vous, nous vous offrons nos prières au commencement de la nuit.

Faites-nous expier durant cette nuit, par une vive douleur, les fautes sans nombre que nous avons commises pendant ce jour, et ne souffrez pas qu'appesantis par le sommeil, nous soyons exposés aux illusions et aux artifices du démon notre ennemi.

Comme un lion furieux, il tourne sans cesse autour de nous, cherchant qui il pourra dévorer; défendez, ô Père céleste, vos foibles enfants, et cachez-les à l'ombre de vos ailes

Hélas! quand verrons-nous briller le jour de votre gloire, Seigneur, ce jour qui ne connoit point de nuit! Quand noussera-t-ildonné de vous aimer sans partage; de vous louer sans interruption.

Père éternel du Verbe, Fils éternel égal au Père, Esprit-Saint égal au Père et au Fils, Dieu toutpuissant, que la gloire vous soit rendue.

Hostis patere fraudibus.

Infestus usque circuit

Quærens leo quem devoret,

Umbrantibus tuos, Pater,

Natos sub alis protege.

O Quando lucescet tuus,

Qui nescit occasum, dies!

O quando te perenniter

Amabimus, laudabimus?

Æterne tu Verbi Pater,

Æterne Fili par Patri,

Et par utrique Spiritus,

Tibi, Deus, sit gloria.

CAPITULE.

Vous êtes tous des enfants de lumière, et

Omnes vos filii lucis estis, et filii

Dei : non sumus noctis, neque tenebrarum. Igitur non dormiamus sicut et cæteri, sed vigilemus et sobrii simus.

℟. *Bref.* In manus tuas, Domine, commendo spiritum meum.

On répète In manus, etc.

℣. Redemisti me, Domine, Deus veritatis.

℟. In manus, etc.
Gloria Patri, etc.

℟. In manus, etc.

℣. Custodi me, Domine, ut pupillam oculi.

℟. Sub umbrá alarum tuarum protege me.

des enfants du jour : nous ne sommes point enfants de là nuit, ni des ténèbres ; ne nous laissons donc pas aller au sommeil comme les autres, mais veillons et soyons sobres.

℟. *Bref.* Seigneur, je remets mon esprit entre vos mains.

On répète Seigneur, etc.

℣. Vous m'avez racheté, Seigneur, Dieu de vérité.

℟. Seigneur, etc.
Gloire au Père, etc.

℟. Seigneur, etc

℣. Gardez-moi, Seigneur, comme la prunelle de l'œil.

℟. Couvrez-moi de vos ailes.

CANTIQUE DE SAINT SIMÉON.

Nunc dimittis servum tuum, Domine, * secundùm

C'est maintenant, Seigneur, que vous laisserez mourir en paix votre serviteur selon votre parole :

Puisque mes yeux ont vu le Sauveur que vous nous donnez,

Et que vous destinez pour être exposé à la vue de tous les peuples,

Pour être la lumière qui éclairera les nations, et la gloire de votre peuple d'Israel.

Ant. Soit que nous dormions, soit que nous veillions, vivons toujours avec Jésus-Christ.

ORAISON.

Nous vous supplions, Seigneur, de visiter cette demeure, et d'en éloigner tous les pièges de l'ennemi; que vos saints Anges y habitent pour nous y conserver en paix, et que votre bénédiction soit toujours sur nous; par notre Seigneur Jésus-Christ notre Fils, qui, étant Dieu, vit et règne avec vous.

verbum tuum in pace :

Quia viderunt oculi mei * Salutare tuum,

* Quod parasti * ante faciem omnium populorum,

Lumen ad revelationem gentium, , et gloriam plebis tuæ Israel.

Ant. Sive vigilemus, sive dormiamus, simul cum Christo vivamus

OREMUS

Visita, quæsumus, Domine, habitationem istam, et omnes insidias inimici ab eâ longe repelle : Angeli tui sancti habitent in eâ, qui nos in pace custodiant, et benedictio tua sit super nos semper; Per Dominum nostrum.

℣. Dominus vobiscum.

℞. Et cum Spiritu tuo.

℣. Benedicamus Domino.

℣. Que le Seigneur soit avec vous.

℞. Et avec votre esprit.

℣. Bénissons le Seigneur.

ANTIENNE A LA VIERGE

Salve, Regina, mater misericordiæ; vita, dulcedo, et spes nostra, salve: ad te clamamus, exules filii Evæ: ad te suspiramus, gementes et flentes in hâc lacrymarum valle. Eia ergo, advocata nostra, illos tuos misericordes oculos ad nos converte. Et Jesum, benedictum fructum ventris tui, nobis post hoc exilium ostende, o cle-

Nous vous saluons, Reine du ciel, qui avez mis au monde celui qui s'est fait pour nous une victime de propitiation, et en qui seul est notre vie, notre joie et notre espérance. Dans cet exil auquel nous sommes condamnés comme enfants d'une mère coupable, nous implorons votre intercession; nous vous présentons nos soupirs et nos gémissements dans cette vallée de larmes. Soyez donc notre avocate, attendrissez-vous sur nos maux, et après l'exil de cette vie, obtenez-nous, ô Vierge Marie, pleine de douceur et de tendresse pour les hommes, obtenez-nous le bonheur de voir Jésus-Christ, ce fruit sacré de votre sein.

℣ Les plus riches d'entre le peuple

℟. Vous adresseront leurs hommages.

ORAISON.

Dieu tout-puissant et éternel, qui, par la coopération du Saint-Esprit, avez préparé le corps et l'ame de la glorieuse Vierge Marie, pour en faire une demeure digne de votre Fils, accordez-nous la grace, pendant que nous célébrons sa mémoire avec joie, d'être délivrés par son intercession des maux présents, et de la mort éternelle : nous vous en supplions par le même Jésus-Christ notre Seigneur.

℟. Ainsi soit-il.

mens, o pia, o dulcis Virgo Maria !

℣. Vultum tuum deprecabuntur

℟. Omnes divites plebis.

OREMUS.

Omnipotens, sempiterne Deus, qui gloriosæ Virginis matris Mariæ corpus et animam, ut dignum Filii tui habitaculum effici mereretur, Spiritu Sancto cooperanti, præparasti, da ut cujus commemoratione lætamur, ejus piâ intercessione, ab instantibus malis et a morte perpetuâ liberemur. Per eumdem Christum.

℟. Amen.

Laudate, pueri, Dominum : * laudate nomen Domini.

Sit nomen Domini benedictum : * ex hoc nunc, et usque in sæculum.

A solis ortu usque ad occasum : * laudabile nomen Domini.

Excelsus super omnes gentes Dominus . * et super cœlos gloria ejus

Quis sicut Dominus Deus noster, qui in altis habitat · * et humilia respicit in cœlo et in terra?

Suscitans à terra inopem * de stercore erigens pauperem,

Ut collocet eum cum principibus

Louez le Seigneur, vous qui êtes ses serviteur. louez le nom du Seigneur.

Que le nom du Seigneur soit béni, depuis le moment présent jusque dans l'éternité.

Que le nom du Seigneur soit loué depuis l'orient jusques à l'occident.

Le Seigneur est élevé au-dessus de toutes les nations; sa gloire est élevée au-dessus des cieux.

Qui est semblable au Seigneur notre Dieu? il habite les lieux les plus élevés, et s'abaisse pour considérer ce qui se passe dans le ciel et sur la terre.

Il tire le misérable de la poussière, et le pauvre de dessus son fumier,

Pour le placer avec les princes, avec les

princes de son peuple. | * cum principibus populi sui

Il donne à celle qui étoit stérile, la joie de se voir dans sa maison la mère de plusieurs enfants. | Qui habitare facit sterilem in domo : * matrem filiorum lætantem.